Kinderrechte in der Kita-Praxis

Praxisideen, Projekte und Methoden für mehr Partizipation, Inklusion und Demokratie in der Kita

Monika Laut-Zimmermann

Klett Kita

Impressum

ISBN: 978-3-96046-242-2
Kinderrechte in der Kita-Praxis
Praxisideen, Projekte und Methoden für mehr Partizipation, Inklusion und Demokratie in der Kita

Redaktion	Myriam Bork
Autorin	Monika Laut-Zimmermann
Gestaltung und Satz	DOPPELPUNKT, Stuttgart
Druck	Grafik Media Produktionsmanagement, Köln

Klett Kita GmbH
Rotebühlstr. 77
70178 Stuttgart
www.klett-kita.de
info@klett-kita.de

2. Auflage

Bildnachweis

Gettyimages
S. 6: Professor25 | S. 11: portishead1 | S. 13: Sally Anscombe | S. 14, 46, 74, 85, 91, 92: Javier Zayas Photography | S. 20, 90: pshonka | S. 26: switchpipipi | S. 27: Manmarumaki | S. 28, 91: Yevgen Romanenko | S. 34, 90: Richard Drury | S. 40, 90: oatawa | S. 50: Images By Tang Ming Tung | S. 54, 92: ConstantinosZ | S. 60, 90: nerosu | S. 68, 91: Eleonora Grigorjeva | S. 70, 91: mocoo | S. 78: Carolina Jaramillo | S. 82: BeritK

Privataufnahmen
S. 24: Monika Laut-Zimmermann

Kinderzeichnungen
S. 31, 32, 37, 44, 45, 52, 64, 69, 73: Linn Zimmermann

Grafik
S. 68: Phila Büdding

Coverbild
Gettyimages/Orbon Alija

Inhalt

Vorwort

Über 30 Jahre ist es her, seit die UN-Kinderrechtskonvention verabschiedet wurde. Über 30 Jahre ist es her, dass 193 Staaten eine Konvention unterschrieben und sich verpflichtet haben, dafür zu sorgen, dass es allen Kindern auf der Welt gut geht, sie vor Diskriminierung geschützt werden, sie nach ihrer Meinung gefragt und auch gehört werden.

Wie Erwachsene haben Kinder das Recht, sich und ihre Persönlichkeit frei zu entfalten. Doch anders als Erwachsene stehen Kinder dabei in einem Abhängigkeitsverhältnis: Sie brauchen Erwachsene, die um die Kinderrechte wissen und Kindern gegenüber eine entsprechende Haltung leben. Sie müssen zu jeder Zeit darauf achten, dass die Rechte der Kinder gewahrt werden. Außerdem sind Kinder auf Erwachsene angewiesen, die sie auch über ihre Rechte informieren und sie in allen Situationen stark machen, selbst ihre Rechte zu erkennen und auch zu vertreten.

Dass Kinder um ihre Rechte wissen, ist Teil eines präventiven Kinderschutzes. Der Kita als erster Bildungseinrichtung im Leben eines Kindes kommt daher eine besondere Bedeutung und Aufgabe zu. Die pädagogischen Fachkräfte sind in der Verantwortung, dass Kinder ihre Rechte kennen und umsetzen lernen und diesen wichtigen Schritt mit den Kindern gemeinsam gehen.

In diesem Ratgeber finden Pädagog:innen einen Einstieg in die wichtigsten Rechte der Kinder: Mit Hintergrundinformationen, kindgerechten Aktions- und Projektideen und Kopiervorlagen begeben Sie sich gemeinsam mit den Kindern auf eine Kinderrechte-Reise.

Gleichzeitig holt der Ratgeber das ganze Fachkräfte-Team und die Eltern mit ins Boot: Denn nur, wenn auch alle Erwachsenen mit an einem Strang ziehen, macht sich das, was auf politischer Ebene unterschrieben und verabschiedet wurde, auch im Alltag der Kinder bemerkbar.

Kinderrechte sind Menschenrechte

„Die Würde des Menschen ist unantastbar." So beginnt der erste Artikel des Grundgesetzes (der Verfassung) der Bundesrepublik Deutschland. Menschenrechte, Kinderrechte – möchte man mit Kindern darüber ins Gespräch gehen, so ist es unabdingbar, sich zunächst einmal über die Begriffe Gedanken zu machen. Zu verführerisch ist es, Kindern aus Erwachsenensicht zu sagen, wie die Welt funktioniert. Schöner jedoch ist es, gemeinsam auf die Suche nach Erklärungen zu gehen. Und so landet man als Erstes bei dem Begriff Recht.

Was ist das, ein Recht? Der Begriff ist sehr abstrakt und wenig greifbar. Dennoch haben einige Kinder gewiss schon einmal davon gehört und auch eigene Definitionen dazu.

Kinderrechte sind Menschenrechte

Was sind eigentlich Rechte?

Für viele Kinder ist der Begriff des Rechts sehr eng mit Gerechtigkeit verbunden. Dabei vergleichen sie sich selbst mit anderen Kindern oder auch Erwachsenen. Im Alltag zeigt sich, dass Kinder einen ausgeprägten Sinn für Gerechtigkeit haben und Benachteiligungen erkennen. Kinder nehmen wahr, dass Erwachsene Dinge tun, die sie selbst noch nicht tun dürfen. Dass zu Hause, aber auch in der Kita, für Kinder manches verboten ist. Dass Erwachsene auch unter den Kindern oft Unterschiede machen. Dieses Empfinden gilt es aufzugreifen!

„Das ist, wenn ein Dieb etwas klaut und dann ins Gefängnis geht."

„Das hat bestimmt was mit links und rechts zu tun!"

„Recht ist, wenn einer nicht gemein ist."

„Es ist ungerecht, dass Lioba mehr Gummibärchen hat. Und ich hab nur noch rote."

„Es ist gemein, dass Onkel Titus drei Kuchen nehmen darf und ich nur zwei."

Sind Verbote ungerecht?

Dass ein drittes Stück Kuchen verboten wird, ist für Kinder existenziell wichtig und unverständlich. In diesem Moment ist es auch ungerecht. Geht man weiter ins Gespräch, so können Kinder es jedoch durchaus verstehen, dass es wichtigere Dinge gibt als eine extra Portion Sahne auf dem Kuchen. Und das ist ein Recht: Es ist etwas, das Kindern und Erwachsenen zusteht und das keiner verbieten darf.

Rechte sind so etwas wie Regeln. Regeln strukturieren und ordnen unser gesellschaftliches und gemeinschaftliches Leben. Ohne Regeln würde vieles im öffentlichen Leben zusammenbrechen. Zum Beispiel ist der Verkehr nach festen Regeln geordnet. Feste Regeln sind demnach ein System, das allen bekannt ist und das dafür sorgt, dass soziale Gemeinschaften überhaupt funktionieren können.

?

- Was wurde dir schon einmal verboten?
- Weißt du, warum dir das verboten wurde?
- Konntest du das verstehen?
- Wie hast du dich dabei gefühlt?
- Wenn das Verbot länger her ist: Ist es immer noch schlimm für dich, dass es verboten wurde?
- Weißt du, dass es Dinge gibt, die dir niemand verbieten darf?

Die Gesellschaft im Kleinen

John Dewey, Philosoph und Pädagoge, bezeichnete 1993 den Kindergarten als „embryonic society", also als „Gesellschaft im Kleinen". (vgl. Dewey, John: Demokratie und Erziehung. Weinheim: Juventa, 1993) So gibt es in der Gemeinschaft der Kita auch Regeln, die die Kinder gut kennen, die sie manchmal gegen andere verteidigen und die sie auch gern einmal austesten, um zu sehen, wie andere auf einen Regelverstoß reagieren. So lernen Kinder den Sinn der aufgestellten Regeln kennen. Auch im Spiel gibt es viele Regeln, nach denen das Spiel funktioniert. Ohne diese Regeln geht alles durcheinander. Vor allem, wenn jede:r Spieler:in eigene Regeln durchsetzen möchte.

In Gesetzen und Konventionen sind Rechte niedergeschrieben. Und daran müssen sich alle Menschen halten: kleine und große! Rechte regeln, was ein Mensch – und somit auch ein Kind – tun darf und was nicht. Sie regeln auch, was einem Menschen zusteht und wovor er zu schützen ist. Dafür ist meist der Staat zuständig.

Menschenrechte im Überblick

Die Menschenrechte wurden am 10. Dezember 1948 von den Vereinten Nationen verkündet. Dabei haben sich fast alle Staaten der Welt (196) zusammengesetzt, um gemeinsam für Frieden auf der Welt zu sorgen, die Rechte aller Menschen zu schützen und dabei zu helfen, dass auf der Welt alle besser zusammenleben können.

Menschenrechte sind Rechte, die allen Menschen zustehen, allein aufgrund ihres „Mensch-Seins" – unabhängig davon, wo sie leben, was sie glauben, welchem Geschlecht sie sich zugehörig fühlen, wie sie aussehen und ob sie Gutes oder Böses tun. Menschenrechte haben das Ziel, allen Menschen freie Selbst- und Mitbestimmung zu ermöglichen. Das Wichtigste dabei ist, dass allen diese Rechte zustehen: Sie können uns nicht genommen werden, gelten überall und für alle – sie müssen nicht erst verdient werden.

Die Menschenrechte werden von wichtigen Prinzipien geleitet: dem Verbot der Diskriminierung, der Möglichkeit der Teilhabe (Inklusion) und der Möglichkeit der Mitgestaltung (Partizipation).

?

- Habt ihr schon einmal von Menschenrechten gehört?
- Warum gibt es Menschenrechte?
- Für wen gelten diese Rechte?
- Was ist zum Beispiel mit Dieben? Haben sie auch Rechte?

Die drei Kategorien der Menschenrechte

1. **Persönlichkeitsrechte:** Jeder Mensch hat das Recht auf Leben und körperliche Unversehrtheit sowie das Recht auf individuelle Entfaltung seiner Persönlichkeit.
2. **Politische Rechte und Bürgerrechte:** Sie stellen sicher, dass Menschen frei ihre Meinung sagen können, ohne dafür bestraft zu werden. Sie gewährleisten aber auch, dass alle am politischen Leben teilhaben dürfen, gegenüber Politiker:innen Kritik ausüben können und gleich behandelt werden (z. B. Gleichberechtigung zwischen Mann und Frau oder religiöse Gleichberechtigung).
3. **Soziale und ökonomische Rechte:** Diese Rechte regeln, dass alle Menschen mit den wichtigen Dingen zum Leben ausgestattet sind. Hierzu zählt beispielsweise auch das Recht auf Bildung, damit jeder Mensch den Beruf ergreifen kann, den er möchte.

Warum brauchen wir Kinderrechte?

Die Menschenrechte gelten selbstverständlich auch für Kinder. Wozu also auch noch gesonderte Kinderrechte? Kinder sind, wie Erwachsene auch, Menschen mit einem Recht auf Leben und Würde. Sie sind Erwachsenen zwar gleichgestellt, aber es gibt dennoch Unterschiede zwischen Klein und Groß: Kinder leben in einer besonderen Situation. Sie können als Baby nur überleben, wenn sich Erwachsene um sie kümmern. Erwachsene tragen Verantwortung für Kinder – Kinder jedoch nicht für Erwachsene. Erwachsene haben schon Lebenserfahrungen gesammelt – Kinder brauchen Begleitung, um Erfahrungen erst sammeln zu können. Auch können Kinder vieles noch nicht selbst entscheiden. Aus diesem Grund haben die Vereinten Nationen am 20. November 1989 die Kinderrechtskonvention beschlossen, die heute von fast allen Staaten auf der Welt anerkannt ist.

?

- Habt ihr schon einmal von Kinderrechten gehört?
- Was meint ihr, warum Kinder Rechte haben sollen?
- Was ist wichtig für Kinder?

Kinder brauchen besonderen Schutz

Kinder sind Menschen, aber keine Erwachsenen. Sie sind Menschen in einer besonderen Lebensphase mit individuellen, besonderen Bedürfnissen. Kinder brauchen Schutz und Unterstützung. Und deswegen gibt es zusätzlich zu den Menschenrechten auch Kinderrechte. Kinderrechte sind also Menschenrechte, die an die besonderen Bedürfnisse von Kindern angepasst sind: Sie greifen vor allem das auf, was Kinder für ein gesundes Aufwachsen brauchen.

Die Kinderrechte gelten für alle Kinder auf der Welt und umfassen 54 Rechte. Diese Rechte teilen sich in vier Säulen auf: das Recht auf Leben, Überleben und Entwicklung; das Recht auf Partizipation; das Recht auf Nichtdiskriminierung; das Recht auf Wahrung und Berücksichtigung persönlicher Interessen. Zwar können Kinder nicht alles selbst entscheiden, es gibt jedoch zehn wichtige Rechte, die jedem Kind zu jeder Zeit zustehen, die ihm niemand entziehen darf und die dafür sorgen sollen, dass es Kindern auf der ganzen Welt gut geht. Die zehn wichtigsten Kinderrechte werden im Folgenden vorgestellt.

?

- Es gibt zehn Dinge, die dir niemand verbieten kann. Hast du Ideen, welche das sein können?
- Welche Entscheidungen möchtest du zu Hause selbst treffen?
- Welche Entscheidungen möchtest du in der Kita selbst treffen?

Wie verbindlich sind Kinderrechte?

Obwohl die Kinderrechte für alle Kinder gelten, können längst nicht alle Kinder sie auch wahrnehmen. Viele Kinder und Erwachsene wissen nicht einmal, dass es Kinderrechte gibt. So stellt sich zu Recht die Frage nach deren Verbindlichkeit.

Die Kinderrechtskonvention ist 1992 in Deutschland in Kraft getreten. Damit hat sich Deutschland dazu verpflichtet, dafür zu sorgen, dass es allen Kindern im Land gut geht. Auch wenn die Kinderrechte noch nicht ins Grundgesetz aufgenommen wurden, so müssen die Erwachsenen dennoch dafür sorgen, dass sie eingehalten werden. Dazu gehört, dass Kinder über ihre Rechte informiert werden und Erwachsene es ihnen ermöglichen, diese auch wahrzunehmen. An dieser Stelle können Betreuungseinrichtungen Großes leisten: in der Aufklärung, als Vorbilder und in der Elternarbeit.

Die zehn wichtigsten Kinderrechte

1. **Recht auf Gleichheit und Gleichbehandlung:** Alle Kinder haben die gleichen Rechte, egal, welches Geschlecht oder welche Hautfarbe sie haben, wo sie leben, welchem Glauben sie angehören, welche Sprache sie sprechen, ob sie arm oder reich sind. Das gilt auch für die Familien der Kinder.

2. **Recht auf Leben und Gesundheit:** Alle Kinder haben das Recht, gesund aufzuwachsen. Dazu gehören eine gesunde Ernährung, sauberes Trinkwasser und ärztliche Versorgung.

3. **Recht auf Bildung:** Alle Kinder haben das Recht, in die Schule zu gehen und zu lernen. Es ist wichtig, dass Kinder ihre Interessen und Fähigkeiten entwickeln können.

4. **Recht auf Spiel und Freizeit:** Alle Kinder sollen die Möglichkeit haben, zu spielen, Sport zu treiben, künstlerisch tätig zu sein, aber auch, sich auszuruhen.

5. **Recht auf elterliche Fürsorge:** Damit Kinder gesund aufwachsen können, brauchen sie eine liebevolle Familie, die sich um ihr Wohlergehen kümmert. Kinder haben auch das Recht auf beide Elternteile, selbst wenn diese getrennt leben. Können Eltern sich nicht um ihr Kind kümmern, so hat dieses das Recht auf Hilfe.

6. **Recht auf Meinungsfreiheit und Beteiligung:** Jedes Kind hat das Recht, mitzureden, ernst genommen und an allen Entscheidungen, die es selbst betreffen, beteiligt zu werden. Zusätzlich gibt es das Recht, informiert zu werden, um sich eine eigene Meinung zu bilden.

7. **Recht auf Privatsphäre:** Jedes Kind hat das Recht auf seine eigenen kleinen Geheimnisse.

8. **Recht auf Schutz vor Gewalt:** Drohungen und Schläge sind streng verboten! Jedes Kind hat das Recht, gewaltfrei aufzuwachsen. Niemand darf Kinder schlagen, einsperren oder zu etwas zwingen, wovor sie sich fürchten oder ekeln.

9. **Recht auf Schutz im Krieg oder auf der Flucht:** Alle Kinder müssen im Krieg, auf der Flucht und in anderen schlimmen Situationen (z. B. Naturkatastrophen) besonders geschützt werden.

10. **Recht auf besondere Betreuung bei Behinderung:** Kinder mit einer Behinderung haben das Recht auf besondere Fürsorge und Förderung. Erwachsene sind dafür verantwortlich, dass alle Kinder in der Gemeinschaft dabei sein und mitmachen können.

Kinderrechte in der Praxis

Kinder haben Rechte! Theoretisch sind wir uns da alle einig. Aber wie sieht es in der Praxis aus? Nur wer seine Rechte kennt, kann auch darauf bestehen! Wir Erwachsenen wissen um unsere Rechte. Oder wir wissen zumindest, an wen wir uns wenden müssen, um unser Recht einzufordern. Kinder sind dagegen auf Erwachsene angewiesen. Es liegt also in der Verantwortung der Erwachsenen, Kinder darin zu begleiten, ihre Rechte in einem ersten Schritt kennenzulernen, und sie dann zu unterstützen, selbstbewusst für deren Einhaltung einzustehen. Aber was bedeuten Kinderrechte eigentlich für Kinder? Und wer in der Kita kennt diese Rechte überhaupt?

Reflexionsfragen für pädagogische Fachkräfte

- Wissen Kinder, was ihnen zusteht?
- Wie viel dürfen Kinder zu Hause oder auch in der Kita entscheiden?
- Wissen Kinder überhaupt, dass sie etwas entscheiden dürfen?
- Wissen Kinder, dass sie Rechte haben?

Bestandsaufnahme

Wie steht es in Ihrer Kita um die Kinderrechte? Über die folgenden Kapitel hinweg erarbeiten Sie jedes der zehn wichtigen Kinderrechte gemeinsam mit den Kindern. Als Grundlage dafür gehen Sie aber erst einmal gemeinsam mit der Gruppe auf Kinderrechte-Reise: Holen Sie zusammen mit einigen Kindern ein Stimmungsbild in Ihrer Einrichtung ein! Dafür können Kinder als Kinderrechte-Reporter:innen durch die Kita ziehen und andere Kinder und Erwachsene nach ihrer Meinung fragen: „Hast du schon einmal davon gehört, dass Kinder Rechte haben?" Diese Umfragen können filmisch festgehalten werden oder die Kinder machen sich mit Papier und Bleistift auf den Weg und dokumentieren alle Ja-Stimmen mit einem Strich.

Um den Kindern das Thema nahezubringen, kommen Sie gemeinsam in einem Kreis zusammen. In der Kreismitte liegt schon Material bereit: ein Brot, ein Buch, ein Pflaster oder Verband, ein Ball, eine Flasche Wasser und ein kleines Stopp-Schild. Laden Sie zunächst die Reporter:innen dazu ein, von ihrer Umfrage zu berichten: Wie viele Ja-Stimmen haben sie eingesammelt? Haben sie vielleicht auch schon in ihren Familien nachgefragt, ob die Kinderrechte dort bekannt sind? Fragen Sie dann alle Kinder, was sie unter Kinderrechten verstehen.

> „Wenn ich immer das machen darf, was ich will."
>
> „Genau! Dann mache ich die Kita kaputt! Und dann baue ich eine Achterbahn!"
>
> „Das stimmt nicht! Das darfst du nicht machen, denn dann hat Elena (Erzieherin) keine Arbeit mehr!"

Erklären Sie den Kindern, dass es einen Unterschied zwischen Wünschen und Rechten gibt und dass sich Staats- und Regierungsoberhäupter regelmäßig treffen, um Rechte für alle Menschen und Kinder festzulegen. Welche Rechte könnten das sein? Das Material in der Kreismitte soll den Kindern Hinweise geben: Für welches Recht stehen Brot und Wasser? Für welches das Buch, der Ball etc.?

Haben Kinder ein Recht auf ein tägliches Eis?

Um den Kindern den Unterschied zwischen einem Kinderrecht und einem Wunsch zu erläutern, starten Sie folgendes Bewegungsangebot: Malen Sie auf ein Blatt Papier einen lachenden

Smiley und auf ein zweites Blatt einen weinenden. Legen Sie die beiden Blätter im Raum aus und lassen Sie leise Musik laufen. Stoppt die Musik, so nennen Sie abwechselnd ein echtes oder ein erfundenes Kinderrecht, wie zum Beispiel:

- Jedes Kind das hat Recht auf eine Familie.
- Jedes Kind hat das Recht auf ein tägliches Eis.
- Jedes Kind hat das Recht auf eine große Spielzeugburg.
- Jedes Kind hat das Recht auf gesundes Essen.

Sind die Kinder der Meinung, dass das Vorgelesene ein echtes Kinderrecht ist, so rennen sie zum lachenden Smiley. Sind sie der Meinung, dass es sich zwar um einen schönen Wunsch, aber nicht um ein Kinderrecht handelt, es also nicht zwingend sein muss, dann positionieren sie sich auf dem traurigen Smiley.

So lernen die Kinder den Unterschied zwischen Kinderrechten und Wünschen kennen, üben aber auch, ihre Meinung in der Kindergemeinschaft zu vertreten. Setzen Sie sich im Anschluss noch einmal mit der Gruppe zusammen und reflektieren Sie gemeinsam die vorgelesenen Wünsche und Rechte.

2

Das Recht auf Gleichheit und Gleichbehandlung

Alle Kinder haben die gleichen Rechte, egal, welches Geschlecht oder welche Hautfarbe sie haben, wo sie leben, welchem Glauben sie angehören, welche Sprache sie sprechen, ob sie arm oder reich sind. Das gilt auch für die Familien der Kinder.

Aber was bedeutet Gleichheit? Kinder merken sehr wohl, dass wir Menschen unterschiedlich sind: Sie erkennen Gemeinsamkeiten und auch Unterschiede. Auf den ersten Blick scheinen Gleichheit und Vielfalt sehr widersprüchlich. Doch das müssen sie nicht sein. Denn die Gemeinschaft lebt von der Vielfalt, von den Unterschieden: Sie besteht aus vielen einzelnen unterschiedlichen Menschen. Eine Gemeinschaft ohne Vielfalt gibt es nicht. Gleichheit im Kontext der Kinderrechte bedeutet also, Vielfalt zu respektieren, Gemeinsames zu entdecken und Gleichbehandlung für alle zu fordern.

Impulsfragen für Kinder

?

- Was meint ihr, was ist das: Gleichheit?
- Sind alle Menschen gleich?
- Soll jedes Kind das gleiche dürfen wie andere Kinder?
- Ist ein Kind wichtiger als ein anderes? Warum?
- Ist ein Kind besser als ein anderes?
- Kann jede:r das Gleiche gleich gut?
- Wer bestimmt, wie du sein darfst? Was du anziehst? Was du essen sollst?

Das Recht auf Gleichheit und Gleichbehandlung

Lied: Besonders und doch gleich

Vielfalt zu erkennen, bedeutet, sich als einzigartig wahrzunehmen: mit dem eigenen Aussehen, den eigenen Gedanken und Gefühlen. Gleichbehandlung zu fordern, bedeutet auch, die Einzigartigkeit aller anzuerkennen. Andere Kinder sehen zwar anders aus als man selbst, sind aber genauso wertvoll und wichtig, denn wir müssen nicht alle gleich sein, um gleich behandelt zu werden!

Besonders ist ein jedes Kind, jedes Kind, jedes Kind,
besonders ist ein jedes Kind, jedes Kind.
Drum lass uns schauen, wer wir sind,
wer wir sind, wer wir sind,
drum lass uns schauen, wer wir sind,
wer wir sind.

Mit Augen, Ohren, Nase, Mund,
Nase, Mund, Nase, Mund,
mit Augen, Ohren, Nase, Mund, Nase, Mund.
Bauch und Po sind kugelrund, kugelrund, kugelrund,
Bauch und Po sind kugelrund, kugelrund.

Doch halt: Schau dich genauer um,
genauer um, genauer um.
Doch halt: Schau dich genauer um, genauer um.
Mal groß, mal klein, schmal oder rund
oder rund oder rund,
mal groß, mal klein, schmal oder rund oder rund.

Die Welt ist schön und kunterbunt,
kunterbunt, kunterbunt,
die Welt ist schön und kunterbunt, kunterbunt.
Besonders sind wir und doch gleich
und doch gleich und doch gleich,
besonders sind wir und doch gleich
und doch gleich.

(Melodie: Dornröschen ist ein schönes Kind)

Ratespiel im Kreis: Welches Kind wird gesucht?

Bei diesem Ratespiel geht es darum, dass die Kinder sich gegenseitig als individuell und einzigartig kennenlernen. Die Kinder setzen sich dafür in den Kreis. Ein Kind darf Detektiv:in sein, vor die Türe gehen und dort warten, bis es wieder hereingerufen wird. Jüngere Kinder gehen gern auch zu zweit – da fällt das Warten nicht so schwer und das Erraten ist umso leichter.
Nun wird im Kreis ganz leise ein Kind ausgewählt, das von den Detektiv:innen erraten werden soll. Diese werden wieder hereingerufen und das gesuchte Kind wird von allen reihum beschrieben:

- Wir suchen ein Kind, das gern Roller fährt.
- Wir suchen ein Kind mit braunen Haaren.
- Wir suchen ein Kind, das gern den Tisch deckt.
- …

Das Spiel endet, wenn das richtige Kind gefunden wurde. Nun darf dieses Kind vor die Türe gehen und Detektiv:in sein.

Kreisspiel: Ich bin einzigartig!

Setzen Sie sich mit den Kindern in einen Kreis. Um die Einzigartigkeit jedes und jeder Einzelnen sichtbar zu machen, bietet es sich an, gemeinsam das bekannte Volkslied *Und wer im Januar geboren ist*, etwas umgedichtet, zu singen. Die Kinder, die sich im Liedtext erkennen, dürfen in den Kreis treten und sich nach Belieben drehen oder einen kleinen Tanz aufführen. Beim Singen können Sie verschiedene Merkmale oder Kleidungsstücke der Kinder hervorheben. Bei diesem Kreisspiel entdecken die Kinder: Wir haben Gemeinsamkeiten und unterscheiden uns gleichzeitig auch voneinander. So wie wir sind, sind wir in der Gemeinschaft willkommen. Im Anschluss gestaltet jedes Kind auf einem Blatt Papier ein persönliches Selbstbild.

Und wer im Kreis braune Haare hat,
tritt ein, tritt ein, tritt ein,
der mache im Kreis einen kleinen Tanz,
recht fein, recht fein, recht fein.
Kindchen, dreh dich, Kindchen, dreh dich,
hei hoppsassassa!
Kindchen, dreh dich, Kindchen, dreh dich,
hei hoppsassassa!

Kreativaktion: So sehe ich aus!

Die Kinder gestalten ihr eigenes Porträt. Dabei betrachten sie sich selbst und die anderen im Vergleich. Beim Gestalten wird deutlich, dass jeder Mensch anders ist, sich individuell wahrnimmt und genau richtig ist, so wie er ist. Die Bilder sehen später besonders vielfältig aus, denn die Kinder wenden einen besonderen Trick an: Manche Teile des Gesichts (z.B. Augen, Mund, Ohren, Nase) werden aus einem Foto ausgeschnitten und auf das gemalte Bild aufgeklebt. Die Bilder werden ganz nach persönlichem Geschmack gestaltet!

Zuerst malt jedes Kind einen Kreis für den Kopf auf Tonpapier – so groß, dass später die ausgeschnittenen Gesichtsteile darauf Platz finden. Danach werden die Haare gestaltet, zum Beispiel gemalt oder mit Wolle aufgeklebt (dann sollte der Hintergrund schon vorher gestaltet werden).

Anschließend muss das Porträt trocknen. In der Zwischenzeit schneiden die Kinder Elemente aus ihren Fotos aus: Mund, Augen, Ohren, Nase – all das, was sie übernehmen wollen. Sind die Farben getrocknet, können die Kinder nun auch die ausgeschnittenen Teile des Porträts auf ihr Bild kleben.

Wertschätzung erlangen die Bilder, wenn Sie sie im Flur oder im Gruppenraum aufhängen, sodass sie in der Ausstellung bewundert werden können. So sehen Kinder und Erwachsene die Vielfalt der Kindergemeinschaft!

Material: von jedem Kind ein großes Schwarz-Weiß-Porträtfoto, weißes Tonpapier, Acrylfarben, Buntstifte, Pinsel in verschiedenen Stärken, evtl. Zahnbürsten, Schwämme, Bastelkleber, Watte, Wolle etc.

Kreisspiel: Gemeinsamkeiten in der Vielfalt entdecken

Mit diesem einfachen Kreisspiel machen die Kinder die Erfahrung, dass trotz aller Vielfalt alle Menschen einige Gemeinsamkeiten haben. Die Gruppe kommt im Kreis zusammen. Erklären Sie, dass Sie nach einem Merkmal bzw. einer Eigenschaft suchen, die auf *alle* Kinder zutrifft, wie zum Beispiel:

- Wir sind alle in der Klettergurken-Gruppe.
- Wir haben alle Haare.
- Wir essen alle gern Müsli.
- Wir gehen alle gern in den Wald.
- Wir spielen alle gern im Garten.

Das erste Kind bekommt einen Redestein und nennt eine Eigenschaft, bevor es den Stein an das nächste Kind weiterreicht. Das Spiel geht so lange weiter, bis keinem mehr etwas Neues einfällt. Hätten die Kinder gedacht, dass sie in der Gruppe so viele Gemeinsamkeiten haben?

Nun darf jedes Kind erzählen, was nur auf es allein zutrifft, wie zum Beispiel:

- Ich habe drei Schwestern.
- Ich male gern Monster.
- Ich male mit meiner linken Hand.
- Ich esse keinen Fisch.

Gemeinsamkeiten und Unterschiede lassen sich überall finden, zum Beispiel an unseren Händen. Lassen Sie die Kinder ihre Hände ausstrecken, sodass alle Hände im Kreis sichtbar sind. Nun können die Kinder rufen, welche Gemeinsamkeiten alle Hände haben. Was ist an allen Händen gleich? Alle haben Finger, Nägel, Daumen. Achten Sie darauf, dass wirklich nur Gemeinsamkeiten benannt werden.

Ermutigen Sie die Kinder, sich die Hände nun ganz genau anzuschauen, und in einem zweiten Schritt Unterschiede zu benennen, wie zum Beispiel Hautfarbe, lackierte Nägel, kleine Muttermale etc. Wenn die Kinder Lust haben, stellen sie sich nach Hautfarbe geordnet auf, sodass sich die Hände von der hellsten bis zur dunkelsten Hautfarbe aneinanderreihen.

Fragen die Kinder im Verlauf der Spiele, warum es unterschiedliche Hautfarben gibt, so greifen Sie zu der biologischen Erklärung: In der Haut gibt es einen Stoff, der für unsere Hautfarbe verantwortlich ist. Dieser Stoff heißt Melanin. Melanin ist für uns sehr wichtig, weil es die Haut vor der Sonne schützt. Manche Menschen haben viel Melanin und andere etwas weniger – dementsprechend sieht dann auch ihre jeweilige Hautfarbe aus. Menschen, die wenig Melanin in der Haut haben, sind heller – Menschen, die viel Melanin in der Haut haben, sind dunkler.

Wichtig: Die Herkunftserklärung, etwa *David kommt aus Kenia und hat deswegen dunkle Haut*, birgt die Gefahr, dass die Kinder dies auf alle Menschen mit dunkler Haut anwenden, auch wenn diese aus Deutschland oder einem anderen Land kommen.

Lied: Bruder Jakob international

In einer Kindergruppe treffen häufig viele Kulturen und Sprachen aufeinander. In der Kita verständigen sich die Kinder entweder auf Deutsch oder nicht selten mithilfe eines gemeinsamen Zeichensystems: Kinder sind offen, kreativ und erfinderisch, wenn es darum geht, gemeinsame Wege der Kommunikation zu finden.

Bei folgendem Lied geht es darum, Kinder in ihrer jeweiligen Kultur zu wertschätzen und in der Gemeinschaft die Individualität jedes und jeder Einzelnen wahrzunehmen und sprachlich zu entdecken. Das altbekannte Lied *Bruder Jakob* gibt es in fast allen Sprachen, es ist kurz und lässt sich in Kindergruppen sehr leicht erlernen.

Deutsch
Bruder Jakob, Bruder Jakob,
schläfst du noch, schläfst du noch?
|: Hörst du nicht die Glocken? :|
Ding dang dong, ding dang dong.

Englisch
Are you sleeping, are you sleeping,
brother John, brother John?
|: Morning bells are ringing! :|
Ding ding dong, ding ding dong.

Französisch
Frère Jacques, frère Jacques,
dormez-vous, dormez-vous?
|: Sonnez les matines! :|
Ding ding dong, ding ding dong.

Finnisch
Jaakko kulta, Jaakko kulta,
herää jo, herää jo?
|: Kellojasi soita! :|
Piu pau pou, piu pau pou.

Afrikaans
Vader Jakob, vader Jakob,
slaap jy nog, slaap jy nog?
|: Hoor hoe lui die kerkklok? :|
Ding dong dell, ding dong dell.

Türkisch
Uyuyor mursun, uyuyor mursun,
kordes John, kordes John?
|: Sabah Çanlari Çaliyor! :|
Ding dang dong, ding dang dong.

Italienisch
Frà Martino, campanero,
dormi tu, dormi tu?
|: Suona le campane! :|
Din don dan, din don dan.

Spanisch
Martinillo, martinillo,
donde esta, donde esta?
|: Toca la campana! :|
Din don dan, din don dan.

Dänisch
Mester Jakob, mester Jakob,
sover du, sover du?
|: Hører du ej klokken? :|
Bim bam bum, bim bam bum.

Hebräisch
Achinu Jaacov, achinu Jaacov,
al tischaan, al tischaan?
|: Hapa-amon melzalzäl? :|
Ding dang dong, ding dang dong.

Rumänisch
Frate Ioane, frate Ioane,
oare dormi tu, oare dormi tu?
|: Sună clopoțelul! :|
Ding dang dong, ding dang dong.

3

Das Recht auf Leben und Gesundheit

Alle Kinder haben das Recht, gesund aufzuwachsen. Dazu gehören eine gesunde Ernährung, sauberes Trinkwasser und ärztliche Versorgung.

Was gehört aus Sicht von Kindern zu einem guten und gesunden Leben? Setzen Sie sich mit der Gruppe zusammen und überlegen Sie gemeinsam, was ein Kind braucht, um gut aufzuwachsen. In einer Gesprächsrunde können die Kinder darüber philosophieren und diskutieren.

Impulsfragen für Kinder

?

- Was meint ihr, was das ist: Gesundheit?
- Was brauchen Kinder, um gesund leben zu können?
- Was gehört zu einem guten Kinderleben dazu?
- Brauchen alle Kinder das Gleiche?
- Wer von euch war schon einmal krank? Und was hat euch wieder gesund gemacht?

Das Recht auf Leben und Gesundheit

Kreativaktion: Wimpelkette des guten Lebens

Gemeinsam in der Runde zu philosophieren, ist ein guter Einstieg, um jedes einzelne Kind zum Nachdenken anzuregen: Was brauche ich, um ein gutes und gesundes Leben zu führen? Jedoch sind einige Kinder in größeren Runden eher still und können sich besser Gedanken machen, wenn sie ein bisschen Ruhe haben oder sich kreativ mit dem Thema beschäftigen. Gestalten Sie deshalb eine gemeinsame „Wimpelkette des guten Lebens", die Sie dann im Gruppenraum aufhängen. So bleibt die Kette in Erinnerung und kann immer wieder zum Gesprächsthema werden.

Schneiden Sie für jedes Kind ein gleich großes Stück Stoff zurecht. Nun kann jedes Kind das auf den Stoff malen, was es persönlich für ein gutes und gesundes Leben braucht. Die einzelnen Stoffstücke verbinden Sie zu einer langen Wimpelkette, indem Sie sie zum Beispiel an eine lange Wäscheleine tackern.

Material: weißer Baumwollstoff, Stoffmalfarben oder -stifte, Wäscheleine, Tacker, evtl. Bastelmaterial (z.B. Kleber, bunte Stoffe, Scheren, Knöpfe, Wollreste)

Gehen Sie im Anschluss mit den Kindern ins Gespräch. So darf jedes Kind erzählen, was es auf seinen Wimpel des guten Lebens gemalt hat. Sind Wünsche dabei, die in den Kita-Alltag aufgenommen werden können? Dann gehen Sie darauf ein und machen Sie daraus ein kleines Angebot, etwa wenn ein:e Kita-Freund:in krank zu Hause ist. Impulsfragen für ein weiterführendes Gespräch könnten sein: Was können wir tun, wenn jemand krank ist? Wie können wir helfen, damit sich ein:e Freund:in besser fühlt?

„Oma sagt, ein gutes Stück Kuchen und Kakao, das hilft."

„Mama macht mir heiße Milch mit Gummibärchen."

„Wenn Klara traurig ist, dann hilft auch Küssen."

„Das ist, wenn ich nicht krank bin."

„Wenn ich krank bin, gehe ich zu Frau Brigitte. Die hat eine Kiste mit Gummibärchen."

„Mich macht Cola gesund."

„Meine Mama muss zur Fußetherapie (Physiotherapie), das macht sie gesund."

„Manchmal tut es im Herzen weh. Und das ist dann die Traurigkeit. Dann muss ich gucken, dass die Fröhlichkeit wieder kommt."

„Wenn ich bei Mama schlafen darf, das ist guter und besser für mich."

Kreativaktion: Gute-Besserung-Buch basteln

Ein Kind ist heute krank? Was könnten wir tun, damit es sich besser fühlt? Ein Gute-Besserung-Buch, das dem kranken Kind per Post geschickt wird, hilft vielleicht! Sammeln Sie mit den Kindern Ideen, was ein von der Gruppe gestaltetes Buch für eine:n Freund:in beinhalten könnte: selbst gemalte Bilder, Zitate und Wünsche, einen Beutel des Lieblingstees, ein Gruppenfoto der Kinder?

Aus Tonkarton basteln die Kinder den Einband des Buches. Lochen Sie die gestalteten Blätter und legen Sie sie aufeinander. Mit einer festen Wolle binden Sie die Blätter samt Einband dann zu einem Buch zusammen.

Bringen Sie das Buch in einem Brief gemeinsam mit den Kindern zur Post oder zum Briefkasten. Das bleibt in Erinnerung und fördert gleichzeitig die Selbstwirksamkeit der Kinder. So erinnern sie sich bestimmt daran, wenn das genesene Kind wieder in die Kita kommt und sich bei der Gruppe für die Überraschung bedankt.

Material: Tonkarton und Papier (DIN A5), feste Wolle, Stifte, Bastelmaterial (z. B. Pflaster, bunte Stoffe, Glitzer), Scheren, Kleber

Kreativaktion: Stück für Stück kerngesund

Was hält dich gesund? Was macht den Bauch glücklich – und was die Füße? Teilen Sie die Kinder in Zweiergruppen ein, sodass sie gegenseitig ihre Körperumrisse nachfahren können: Dafür legt sich jeweils ein Kind auf eine am Boden ausgebreitete Tapetenrolle, während das zweite Kind den Körperumriss auf der Tapete nachzeichnet.

Hat jedes Kind ein Tapetenstück mit seinem Körperumriss? Dann werden die Umrisse individuell gestaltet: Was brauchen meine Füße, meine Hände, mein Herz, mein Bauch, um gesund und glücklich zu sein? Hier können die Kinder richtig kreativ werden und entweder malen, eine Collage aus Zeitschriftenbildern gestalten oder mit Stoff und Wolle arbeiten.

„Mein Bauch braucht immer Schokolade und Pizza!"

„Meine Traurigkeit mache ich mit ganz viel Liebe weg!"

Die fertigen Umrisse können ein Teil der Kinderrechte-Ausstellung werden oder den Gruppenraum bzw. den Kita-Flur verschönern. Bleiben Sie mit den Kindern im Gespräch und notieren Sie, was die Einzelnen gemalt und gestaltet haben.

Material: Tapeten- oder Papierrolle, alte Zeitschriften oder Prospekte, Filz- und Buntstifte, Scheren, Kleber und Bastelmaterialien (z. B. Wolle, Filzwolle, Stoffreste, Alufolie, Pappe, Perlen, Glitzersteine)

Spiel: Und wer sorgt für die Maus?

Sich in andere einzufühlen, sich um andere zu sorgen und sich Gedanken darüber zu machen, was andere brauchen, um glücklich zu sein: Das befähigt Kinder, solidarisch zu handeln und sich gleichzeitig zu überlegen, was sie selbst, aber auch andere für ein gutes Leben brauchen.

In einem Gesprächskreis stellen sich die Kinder vor, dass sie eine kleine Maus als Haustier haben. Sie sind gemeinsam dafür verantwortlich, dass es dieser Maus gut geht. Sie geben der Maus einen Namen und machen sich Gedanken darüber, was die Maus braucht, zum Beispiel: einen kleinen Käfig mit einem gemütlichen Schlafplatz, Streu, Futter und Wasser, Spielsachen, Freunde …

Die vielfältigen Antworten der Kinder werden auf ein Plakat geschrieben oder gemeinsam gemalt. Zusammen ein großes Plakat zu gestalten, stärkt das Gruppengefühl: Die Kinder unterhalten sich dabei über die Bedürfnisse des Haustieres und beziehen ihre eigene Realität mit ein. Geht es der Maus nun gut, mit all der Fürsorge der Kinder?

Anschließend können die Kinder gemeinsam reflektieren, was *Kinder* brauchen, um glücklich zu sein. Und wer ist eigentlich dafür verantwortlich, dass es Kindern in aller Welt gut geht?

Impulsfragen für Kinder

?

- Wann fühlt sich die Maus gut?
- Wann fühlen sich Kinder sicher?
- Wer fühlt sich in der Kita-Gruppe gut?
- Wie können wir dafür sorgen, dass es allen Kindern in der Kita gut geht?
- Was können Kinder in der Kita tun, damit sich alle wohlfühlen?
- Gibt es Kinder auf der Welt, denen es nicht so gut geht?

Experiment: Eine Maus zieht ein!

Sich um eine „echte“ Maus zu kümmern und mit ihr eine Zeit lang den Alltag zu teilen, vertieft bei den Kindern die Gedanken, die sie sich bereits gemeinsam um das Wohl des Tieres gemacht haben. Dafür zieht eine Kuschelmaus jeweils für eine Woche bei einzelnen Kindern ein! Die Maus bringt ein Begleitheft mit, in das die Kinder gemeinsame Erlebnisse mit der Maus malen oder als Foto einkleben.

Das Begleitheft ist auch eine schöne Möglichkeit, die Familien der Kinder einzubeziehen – und eine Chance für die Kinder, sich selbst und ihre Familie der Gruppe vorzustellen bzw. umgekehrt.

- Was erlebt die Maus bei dem Kind?
- Hat das Kind ein eigenes Zimmer? Wie sieht es dort aus?
- Wer wohnt mit dem Kind zusammen?
- Hat die Familie ein Haustier?
- Darf die Maus das Lieblingsgericht der Familie probieren?
- Macht die Familie gern Ausflüge zusammen? Darf die Maus mitkommen?
- Lernt die Maus das Lieblingsbuch des Kindes kennen?
- Was und wo spielt das Kind zu Hause gern?
- Hat das Kind einen Lieblingsspielplatz?

Nach der gemeinsamen Woche erzählt das Kind, wie es der Maus ergangen ist. Dann zieht die Maus samt Begleitheft zum nächsten Kind weiter.

Material: Notizbuch (DIN A5), Kuschelmaus

Besuch in der Kuscheltierklinik

Jährlich öffnen in unterschiedlichen Städten Deutschlands die sogenannten „Kuscheltierkliniken“ oder auch „Teddybären-Ambulanzen“ ihre Pforten: Dorthin können Kinder ihre Kuscheltiere bringen und dabei erfahren, was man braucht, wenn man krank ist.

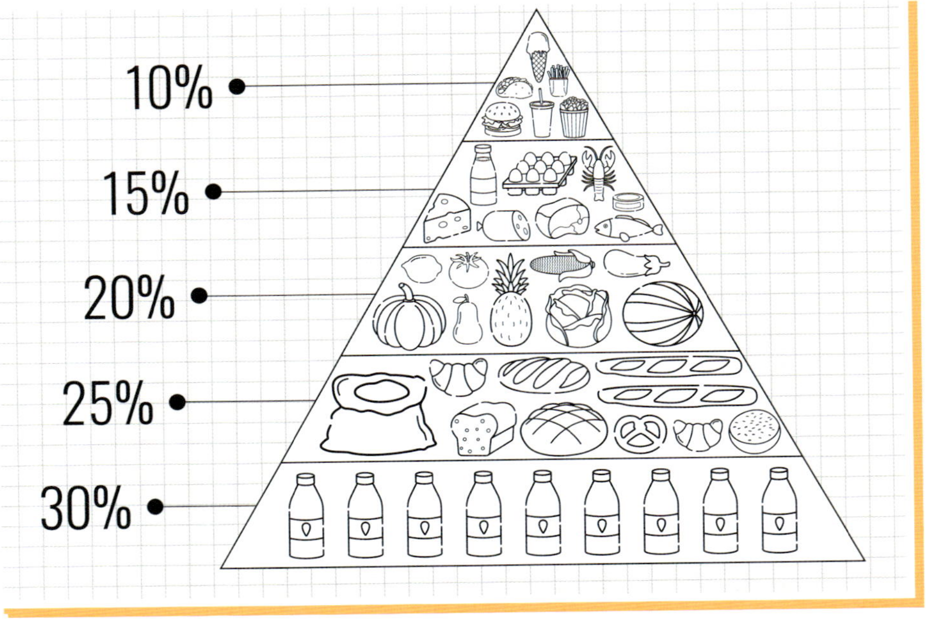

Projektidee: Pyramide zum Essen

Ist es gesund, den ganzen Tag Schokolade und Eis zu essen? Leider nicht, denn Ernährungswissenschaftler:innen empfehlen, von einigen Lebensmitteln mehr zu essen oder zu trinken als von anderen. Geben Sie den Kindern Raum, sich darüber Gedanken zu machen, von welchen Lebensmitteln unser Körper mehr braucht und von welchen wir weniger zu uns nehmen sollten.

Je nach Interesse können Sie eine eigene Ernährungspyramide erstellen. Malen Sie dazu ein großes Dreieck auf einen großen Bogen Papier und unterteilen Sie dieses horizontal in fünf Teile. Um den Kindern die Pyramide einfach zu erklären, stellen Sie neben jede Stufe ein paar echte Lebensmittel.

Nun können die Kinder ihre eigene Pyramide auf dem Papier mit Lebensmitteln befüllen. Dazu werden aus Prospekten Lebensmittel ausgeschnitten und anschließend auf die passende Stufe der Pyramide geklebt. Unterstützen Sie die Kinder bei Bedarf.

Um die Pyramide und ihre Stufen für die Kinder mit allen Sinnen erfahrbar zu machen, schmecken und kochen sich die Kinder quer durch die Pyramide. Je nach Zeitplan können Sie dies innerhalb einer Projektwoche oder als wöchentliches Angebot durchführen.

Material: großer Bogen Papier, Kleber, Scheren, Prospekte mit Lebensmitteln, exemplarische Lebensmittel aus den unterschiedlichen Stufen der Pyramide

Gesund oder ungesund?

Erklären Sie den Kindern, dass jeder Mensch essen sollte, was ihm schmeckt. Es gibt keine Lebensmittel, die per se ungesund sind: Damit unser Körper jedoch gesund aufwächst und gesund bleibt, sollten wir von manchen Lebensmitteln mehr essen und von anderen wiederum weniger. Verzichten müssen wir jedoch nicht auf die Leckereien, die uns besonders gut schmecken.

Für jede Stufe ein Rezept

Stufe 1 – Getränke: Gurken-Limetten-Minze-Wasser

Zutaten: Gurken, Limetten oder Zitronen, Minzblätter, Leitungswasser

Gurken und Zitronen/Limetten in Scheiben schneiden, die Minzblätter von den Stielen entfernen. Die Zutaten in Kannen füllen und mit Leitungswasser aufgießen. Sind die Zutaten allen Kindern bekannt? Wie schmecken Gurken? Sind Limetten sauer oder süß? Auch Minze darf gern probiert werden!

Stufe 2 – Obst und Gemüse: Obstsalat

Obst nach Wahl waschen und in Stücke schneiden. Anschließend in eine große Schüssel geben und vermischen. Sind die Obstsorten allen Kindern bekannt? Wie schmecken sie? Wachsen sie bei uns?

Stufe 3 – Brot und Getreide: Kräuterbrötchen

Zutaten: 900 g Mehl, 2 Päckchen Trockenhefe, 3 EL Öl, 600 ml lauwarmes Wasser, 1 Prise Salz, verschiedene Kräuter (z. B. Schnittlauch, Petersilie, Basilikum)

Mehl, Hefe und Salz in einer Rührschüssel mischen, in die Mitte der Mischung eine Mulde drücken. Wasser und Öl hineingießen und alles zu einem geschmeidigen Teig kneten. Den Teig etwa 15 Minuten ruhen lassen. Je ein Stück Teig zu einem Brötchen formen und klein geschnittene Kräuter untermischen. Die Brötchen etwa 20 Minuten bei 200 Grad backen.

Stufe 4 – Milchprodukte, Fisch und Fleisch: Kräuterquark

Zutaten: Quark, Naturjoghurt, verschiedene Kräuter, Frühlingszwiebeln

Sind die Kräuter allen Kindern bekannt? Wer möchte riechen und probieren? Nun die gewaschenen Kräuter und Frühlingszwiebeln klein schneiden und mit den übrigen Zutaten in einer großen Schüssel vermengen.

Stufe 5 – Fette, Öle und Süßigkeiten: Vanillekekse

Zutaten: 500 g Mehl, 2 TL Backpulver, 150 g Zucker, 250 g Butter, 2 Eier, 1 Prise Salz, 4 Päckchen Vanillezucker

Alle Zutaten zu einem Teig kneten, auf einer bemehlten Fläche ausrollen und mit Ausstechern Kekse formen. Diese etwa 10 Minuten bei 160 Grad (Umluft) backen.

4

Das Recht auf Bildung

Alle Kinder haben das Recht, in die Schule zu gehen und zu lernen. Es ist wichtig, dass Kinder ihre Interessen und Fähigkeiten entwickeln können.

Alle Kinder haben das Recht, die Welt zu erkunden und Antworten auf ihre Fragen zu bekommen. In Deutschland dürfen sie in eine Kita gehen und ab dem Alter von 6 Jahren auch zur Schule. Alle Kinder brauchen andere Menschen, die ihnen helfen und ihnen zeigen, wie etwas geht. Alle haben das Recht, Dinge zu lernen, die sie für ihr Leben brauchen – auch über den Unterricht in der Schule hinaus.

Impulsfragen für Kinder

- Was können wir alles lernen?
- Was kann man in der Schule lernen?
- Worauf freut ihr euch, wenn ihr in die Schule kommt?
- Welche Fächer gibt es in der Schule?
- Warum lernen wir Menschen eigentlich?

Das Recht auf Bildung

Erkundung: Warum gehen Kinder zur Schule?

Viele Kita-Kinder freuen sich auf die Schule. Manche haben bereits eine grobe Vorstellung davon, was sie dort erwartet: von ihren Eltern, den älteren Geschwistern oder Cousins und Cousinen. Andere wiederum hören sich diese Geschichten an, haben in ihrer Fantasie aber eine eigene Vorstellung davon, was in der Schule alles passiert.

Gehen Sie mit den Kindern ins Gespräch und finden Sie heraus, welche Vorstellung sie vom Lernen in der Schule haben. Was lernen Kinder eigentlich in der Schule? Wofür brauchen wir dieses ganze Wissen? Die meisten Kinder werden Lesen und Schreiben erwähnen und freuen sich darauf, dies auch zu lernen. Aber haben sie auch eine Vorstellung davon, wofür wir diese Kompetenzen im Leben brauchen? Gehen Sie gemeinsam mit der Gruppe auf Entdeckungsreise. Machen Sie sich mit einer Fotokamera auf den Weg und lassen Sie die Kinder in ihrem Ort oder Viertel nach Buchstaben und Zahlen suchen und diese fotografieren.

„In der Schule gibt es Pausen und Ferien."

„Wenn ich in die Schule komme, kriege ich eine Schultüte."

„Und es gibt eine Kita-Fahrt."

„Dann kann ich bestimmt schon allein Skateboard fahren."

„Ich bleibe lieber in der Kita. Alina muss immer Hausaufgaben machen."

Material: Fotokamera, Drucker, Papier, Kleber

Zurück in der Kita, werden die Bilder ausgedruckt und von den Kindern auf Plakate geklebt. Was haben die Kinder alles entdeckt? Kennen sie die Bedeutung der Bilder? Schreiben Sie die Entdeckungen der Kinder neben den Bildern auf.

Kreativaktion: Das letzte Kita-Jahr in Bildern

Der Übergang von der Kita in die Schule bedeutet für alle Kinder viel Neues auf verschiedenen Ebenen: neue Gruppe, neuer Weg, neue Räumlichkeiten, neue Lernsituation, mehr Selbstständigkeit, vor allem aber Abschied von Bekanntem und Vertrautem.

Dieser Prozess kann mit den Kindern gemeinsam kreativ begleitet werden. Der Abschied von der Kita wird dokumentiert und das Neue in der Schule erkundet.

Abschied von der Kita

Die Kita-Zeit ist für alle Kinder etwas Besonderes: Hier haben viele ihre ersten Erfahrungen außerhalb der Familie gemacht, einige ihre ersten Schritte getan, Freund:innen gefunden und viel Neues gelernt. Dies zu reflektieren und selbst noch einmal festzuhalten – mithilfe einer Kamera –, kann den Abschied erleichtern. So haben die Kinder das Gefühl, all die Erinnerungen, die für sie wichtig sind, mitnehmen zu können.

Kommen Sie in einem Sitzkreis zusammen und erklären Sie das Vorhaben. Gehen Sie mit den Kindern ins Gespräch: über den anstehenden Schuleintritt und über das, was sie in der Kita mögen und was nicht. Bereiten Sie so die Kinder auf ihren baldigen Schuleintritt vor.

Hallo, neue Schule!

Mit Kameras ausgestattet, gehen die Kinder durch die Kita und fotografieren alles, was ihnen dort wichtig ist. Brauchen sie Hilfe, so geben Sie ihnen Anreize, zum Beispiel: der Lieblingsort in der Kita, das Lieblingsspiel, das liebste Essen oder das, was gar nicht schmeckt, das schönste Kita-Erlebnis, Freund:innen etc.

Regen Sie die Kinder dazu an, gezielt Aktivitäten und gemeinsame Aktionen mit der Kamera festzuhalten. Wenn die Fotos über einen längeren Zeitraum geknipst werden, können sie das letzte Kita-Jahr dokumentieren. So haben die Kinder mehr Zeit, sich aus der Kita zu verabschieden.

Die gesammelten Fotos können entweder in ein Heft oder auf DIN A4-Papier geklebt, laminiert und zu einem Buch gebunden werden. Zu den Fotos können die Kinder ihre Seiten nach ihrem Wunsch gestalten, bemalen und bekleben.

Den nächsten Schritt – den Weg in die Schule – dokumentieren die Kinder dann in der folgenden Idee.

Material: mehrere Fotokameras (alternativ: Einwegkamera für jedes Kind), optional: kleines Album oder Heft für jedes Kind, Buntstifte, Kleber, Scheren, Laminiergerät

Kreativaktion: Bald bin ich ein Schulkind!

Wenn sich ein Kita-Jahr langsam seinem Ende nähert, so heißt es Abschied nehmen. Gleichzeitig ist das Neue, die Schule, noch so unbekannt. Ungewiss ist alles, was auf die Kinder zukommt. Helfen Sie den Vorschulkindern deshalb, ihren neuen Raum zu erkunden und sich darauf zu freuen, indem Sie die Schulen gemeinsam besuchen und dort auch mit den Kindern Fotos machen. Gibt es in Ihrer Kita Kooperationen mit einer Grundschule? Dann ist es ein einfacher Schritt, diese mit den Kindern aufzusuchen und das Gelände mit Kameras zu erkunden.

Aber auch Schulen, die keine Kooperation eingegangen sind, stehen den Kitas oftmals offen gegenüber und räumen den Vorschulkindern Termine ein, um eine Klasse zu besuchen oder das Schulgelände kennenzulernen.

Geben Sie den Kindern feste Entdeckeraufgaben, wie etwa: Fotografiert in der Schule alles,

- was rund ist!
- worauf man sitzen kann!
- womit man spielen kann!
- worauf ihr euch freut!

„Wenn ich groß bin, möchte ich ein Dinosaurier sein! Dann sind die nicht mehr ausgestorben."

„Ich bin ein Aufräumer, dann siehts hier nicht aus wie bei den Krempels."

„Ich möchte ein Feuermann sein! Wie Opa, der macht immer so schöne Feuer im Garten."

Zurück in der Kita, tauschen sich die Kinder über ihre Fotos aus. Auch diese können sie dann in ihre Alben aufnehmen. Am Ende des Kita-Jahres haben die Kinder dann einerseits Abschied genommen von allem, was ihnen in der Kita Spaß gemacht hat. Andererseits haben sie aber auch durch ihr Erleben in der Schule und die Fotoaktion einen Eindruck von dem gewonnen, was auf sie zukommt und worauf sie sich freuen können.

Material: mehrere Fotokameras (alternativ: Einwegkamera für jedes Kind), optional: kleines Album oder Heft für jedes Kind, Buntstifte, Kleber, Scheren, Laminiergerät

Gesprächsrunde: Traumberufe

Kinder haben das Recht, in die Kita und in die Schule zu gehen und sich dann später einen Beruf auszusuchen, der ihnen Spaß macht. Welche Berufe kennen die Kinder? In einem Sitzkreis können Sie sich mit ihnen darüber austauschen.

?

Impulsfragen für Kinder

- Welche Berufe kennt ihr? Was arbeiten eure Eltern?
- Was muss man für diesen Beruf gut können oder lernen?
- Welchen Beruf wollt ihr einmal lernen? Warum?
- Was könnt ihr schon richtig gut, um diesen Beruf auszuüben?
- Kennt ihr jemanden, der diesen Beruf ausübt?

Einige der von den Kindern genannten Berufe werden realistischer erscheinen als andere. Auch weit entfernt klingende Traumberufe enthalten aber sicher Hinweise auf bestimmte Interessen und Schwerpunkte, die man zusammen mit einem Kind über die Jahre weiterverfolgen und vertiefen kann. Nehmen Sie Zitate der Kinder in die Portfolios auf und unterstützen Sie sie dabei, ihre Interessen zu verfolgen – egal, ob der Beruf ein reeller ist oder nicht: Träume sind zum Träumen da!

Das kann ich besonders gut

Anknüpfend daran malt nun jedes Kind auf ein Blatt Papier, was es besonders gut kann. Dieses Bild wird zusammen mit einem Foto des Kindes auf ein Plakat geklebt. Schreiben Sie auch auf, was die Kinder dazu gesagt haben, damit Sie später darauf zurückgreifen können.

In einem zweiten Schritt malen die Kinder, was sie gern lernen wollen. Möchte ein Kind beispielsweise Fahrrad fahren lernen, so malt es sich selbst beim Fahrradfahren. Hängen Sie dieses Bild zu dem ersten dazu. Gehen Sie später mit den Kindern ins Gespräch:

- Was brauchst du, um deinen Wunsch zu erfüllen?
- Wer kann dir dabei helfen?
- Können wir das gemeinsam in der Kita üben?

Ist es ein realistisches Ziel, das in der Kita umgesetzt werden kann, so können sich die Kinder gegenseitig helfen. Verfolgt ein Kind emsig sein Ziel, notieren Sie ihm seine ganz persönliche Lerngeschichte zu den Bildern. Hierbei beschreiben Sie den Weg des Kindes: Wie ist es an sein Ziel gekommen? Wer oder was hat ihm geholfen? Hat es sich aktiv Hilfe gesucht?

Binden Sie die Eltern ein und fragen Sie nach, welche Berufe diese ausüben. Können die Kinder sie einmal auf ihrer Arbeitsstelle besuchen? Das eine oder andere Elternteil möchte vielleicht der Kita-Gruppe einen Besuch abstatten und erzählen, was er oder sie alles gelernt hat, um diesen Beruf auszuüben.

5

Das Recht auf Spiel und Freizeit

Alle Kinder sollen die Möglichkeit haben, zu spielen, Sport zu treiben, künstlerisch tätig zu sein, aber auch, sich auszuruhen.

Kinder haben das Recht, zu spielen. Dafür brauchen sie den nötigen Raum und die nötige Zeit. Oft werden Kinder in ihrem Spiel eingeschränkt: durch Straßenverkehr, Termine, Verpflichtungen. Wesentlich ist aber, dass Kinder frei, ohne den Einfluss und die Vorgaben von Erwachsenen spielen können. Das Spiel ist ein grundlegendes Verhalten und ein Bedürfnis von Kindern – es wirkt sich positiv auf ihre körperliche, geistige und seelische Entwicklung aus.

Impulsfragen für Kinder

?

- Was machst du gern, wenn du nicht in der Kita bist?
- Gibt es in deiner Nähe Spielplätze?
- Welcher ist dein Lieblingsspielplatz?
- Wo spielst du gern?

„Ich gehe gern zu Oma in den Garten. Dort kann ich mit den Blumen spielen."

„Der Trave-Spielplatz ist der beste. Da rutsche ich bis in den Sandkasten."

Das Recht auf Spiel und Freizeit

Collage: So sieht mein Traumspielplatz aus!

Fragen Sie die Kinder, was sie gern machen, wenn sie nicht in der Kita sind. Was haben die Kinder Tolles erlebt? Haben sie Lieblingsspielplätze? Sind diese zu Fuß erreichbar, so können die Kinder sich gegenseitig ihre Lieblingsspielplätze vorstellen.

Nehmen Sie eine Kamera mit und fotografieren Sie die einzelnen Spielplätze sowie die Spielgeräte, die darauf bespielt werden können. Finden die Kinder, dass manche Geräte kaputt sind und eine Reparatur benötigen? Dann halten Sie auch dies fotografisch fest. Zurück in der Kita begutachten alle Kinder die entstandenen Fotos. Was hat ihnen am besten gefallen? Jedes Kind erhält drei Klebepunkte und darf diese auf die Geräte verteilen, die ihm am meisten Spaß gemacht haben.

Mit den Fotos, die die meisten Punkte erhalten haben, gestalten die Kinder dann eine Collage. Gern darf ergänzend aufgemalt werden, was dem Traumspielplatz noch fehlt.

Besuchen Sie mit den Kindern ein Kinderbüro in Ihrem Ort: Hier können die Kinder ihre Wünsche aussprechen, die Collage von ihrem Traumspielplatz abgeben oder gar kaputte Spielgeräte melden und sich eine Reparatur wünschen. So erleben die Kinder, dass sie ernst genommen werden und in ihrer Gemeinde ein Mitspracherecht haben.

Material: Fotokamera, Drucker, Papier, Kleber

Spielidee: Was brauche ich zum Spielen?

In Deutschland haben die meisten Kinder eine Menge Spielsachen. Doch brauchen sie diese, um spielen zu können? Was brauchen die Kinder, damit ihr Recht auf Spiel erfüllt wird?

Impulsfragen für Kinder

- Was spielst du am liebsten?
- Was brauchst du dazu?
- Was wäre, wenn es keine Spielsachen gäbe? Wie würdest du dann spielen?

Lassen Sie sich mit den Kindern auf ein Experiment ein: räumen Sie alle Spielsachen aus dem Gruppenraum. Legen Sie dann Alltags- und Naturmaterialien bereit. Die Kinder probieren aus und entwickeln mit dem bereitgestellten Material eigene Spiele. Beobachten Sie die Kinder und dokumentieren Sie ihren Umgang damit.

Reflexionsfragen

- Haben die Kinder eigene Spiele entwickelt?
- Haben sie sich eigene Spielsachen gebastelt oder gebaut?
- Waren Kinder dabei, die Schwierigkeiten hatten?

Material: Alltags- und Naturmaterialien (z. B. Eierkartons, Eisstiele, Kastanien, Stöcke, Tannenzapfen, Plastiklöffel, Kartons in verschiedenen Größen, Korken)

Quiz: Welche Sportarten kennst du?

Kinder bewegen sich gern und haben dabei auch ihre Vorlieben. Fragen Sie die Kinder, welche Sportarten sie kennen, welche sie bereits ausprobiert haben und welche sie gern einmal austesten würden. Bestimmt sind unter den Wünschen der Kinder auch Ideen, die in der Kita oder auf einem gemeinsamen Kita-Ausflug ausprobiert werden können.

Impulsfragen für Kinder

- Wer von euch treibt zu Hause Sport?
- Welche Sportarten kennt ihr?
- Welche Sportarten macht eure Familie?
- Welchen Sport würdet ihr gern können? Oder ausprobieren?

Das Sportarten-Quiz

1. **Für welche Sportart brauchst du einen Ball?**
   a) Yoga
   b) Basketball
   c) Schlittschuhlaufen

2. **Welche Sportart gibt es in Finnland wirklich?**
   a) Fußbasketball
   b) Rückwärtsrodeln
   c) Gummistiefelweitwurf

3. **Welche Sportart wird auf dem Eis geübt?**
   a) Stand-up-Paddling
   b) Eislaufen
   c) Karate

4. **Für welche Sportart brauchst du einen Puck?**
   a) Golf
   b) Eishockey
   c) Tischtennis

5. **Was für eine Sportart ist Judo?**
   a) Kampfsport
   b) Tanzsport
   c) Hundesport

6. **Welche Schwimmart gibt es nicht?**
   a) Schmetterling
   b) Pinguin
   c) Delfin

1b, 2c, 3b, 4b, 5a, 6c

Malrätsel: Die Biene und der Regenbogen

Zum Spielen und Toben gehören auch Möglichkeiten der Ruhe und der Entspannung. Fragen Sie die Kinder, wie und wo sie sich gern ausruhen und was sie sich wünschen, um gut zur Ruhe zu finden. Die Kinder dürfen sich bequem hinsetzen oder hinlegen. Dann lesen Sie die Rätsel vor. Nachdem ein Rätsel vorgelesen wurde, malt jedes Kind die Lösung des Rätsels auf ein Blatt Papier, bevor sich alle wieder im Kreis treffen, um sich auszutauschen.

Material: Malpapier, Buntstifte

Der Regenbogen

Stell dir vor, du liegst auf einer weichen, saftigen Wiese. Du blickst in den blauen Himmel und die Sonne scheint. Doch plötzlich fallen ein paar Regentropfen auf die Erde – auch auf deine Nase. Das stört dich nicht, denn die Tropfen sind richtig erfrischend. Und dann blickst du in den Himmel und siehst etwas Wunderschönes. Ja, schau genau hin, denn das bin ich – und mich gibt es nur ganz selten. Im Herbst kannst du mich häufiger sehen, denn da sind Sonne und Regen gleichzeitig am Himmel. Riesengroß bin ich und meine Farben leuchten so hell: Rot, Orange, Gelb, Grün, Blau und Lila. Und? Weißt du, wie ich heiße?

Die Biene

Stell dir einen warmen Sommertag vor. Du hast Blumen gepflückt und liegst nun inmitten eines Feldes, das viele bunte Blumen schmücken. Du schließt deine Augen und träumst von mir. Es ist ganz still um dich herum. Bis plötzlich ganz nah an deinem Ohr ein leises Summen ertönt. Weißt du schon, wer ich bin? Ein Zebra bin ich nicht und doch habe ich Streifen. Ein Schmetterling bin ich nicht und doch fliege ich geschwind von Blüte zu Blüte. Und aus dem süßen Nektar zaubere ich eine süße Leckerei. Und, hast du es schon erraten?

„Wir können Stopptanz spielen, dann ruhen wir uns beim Stopp immer aus."

„Können wir in die Badewanne gehen? Oder mit Wasser spielen?"

„Wir denken uns eine Geschichte aus. Dann musst du nicht vorlesen."

„Können wir eine Höhle bauen und dort schlafen?"

„Wir können ein Zelt im Garten bauen und zelten."

„Ich mag nicht ausruhen, das ist langweilig. Aber Geschichten hören, das ist spannend."

„Ich habe zu Hause eine Lichterkette an meinem Bett. Mit Blumen dran."

„Meine Mama massiert mir den Rücken – das ist schön."

Yoga: Was macht ein Baum im Wald?

Die Kinder versetzen sich in die Lage der Waldbäume und genießen einen Moment der Waldstille mit dieser kleinen Yoga-Übung. Kinderyoga ist auch schon für sehr junge Kinder geeignet. Bauen Sie immer wieder eine Stille-Übung in den Morgenkreis ein – so fördern Sie mit der Zeit das Gleichgewicht und die Konzentration der Kinder.

Im Winterwald, im Winterwald,
da ist es bitter-bitterkalt.
Erst stehen die Bäume ganz still,
dann macht der Wind, was er will.
Nun rauscht es durch Blatt und Ast,
es schüttelt und rüttelt auch jeden Gast.
Bleib ruhig und still, kleiner Baum,
dann merkt den Wind das Eichhörnchen kaum.

Stellt euch vor, ihr seid ein Baum im eisigen Winterwald. Seid ihr groß oder klein? Wie sehen eure Äste aus? Auf euren Ästen schlafen viele kleine Waldbewohner. Wenn ihr ganz ruhig und still steht, könnt ihr vielleicht ein leises Blätterrauschen hören.

Stellt euch auf den linken Fuß, das ist eure starke Wurzel. Den rechten Fuß hebt ihr an und setzt die Ferse an der Innenseite des linken Oberschenkels ab. Versucht dabei, gerade zu bleiben und nicht zu wanken. Die Hände drückt ihr vor der Brust aneinander oder streckt sie über euren Kopf.

Tipp: Jüngere Kinder beginnen die Übung auf zwei Beinen und heben ihre Arme nach oben oder zur Seite, wie richtige Äste eben. Für einen Moment halten sie still und stellen sich die ruhige Atmosphäre im Winterwald vor.

Entspannungsidee: Schoko-Gesichtsmaske

Wer sagt, dass Ausruhen langweilig sein muss? Finden Sie mit den Kindern eigene Ideen, sich etwas Gutes zu tun und sich zu entspannen. Was brauchen die Kinder, um wieder Kraft zu schöpfen? Wie verbringen sie gern ihre Pausen? Vielleicht wäre eine wohlduftende – und leckere! – Gesichtsmaske eine Idee?

Mischen Sie dazu alle Zutaten in einer Schüssel. Anschließend wird die Maske mit den Händen oder einem Kosmetikpinsel auf das Gesicht aufgetragen (Augen und Lippen freilassen!) und darf etwa fünf Minuten einwirken – während einer kurzen Geschichte zum Beispiel. Wer mag, darf auch kosten! Zum Schluss wird die Maske mit lauwarmem Wasser abgewaschen.

Zutaten: 2 EL Magerquark, 1 EL Haferflocken, 1 EL Honig, 3 bis 4 EL Backkakao

6

Das Recht auf elterliche Fürsorge

Damit Kinder gesund aufwachsen können, brauchen sie eine liebevolle Familie, die sich um ihr Wohlergehen kümmert. Kinder haben auch das Recht auf beide Elternteile, selbst wenn diese getrennt leben. Können Eltern sich nicht um ihr Kind kümmern, so hat dieses das Recht auf Hilfe.

Alle Kinder haben das Recht auf elterliche Fürsorge, auf eine Familie. Doch wer dieses Recht erfüllt, kann für jedes Kind unterschiedlich sein. Das Augenmerk der Pädagog:innen sollte hier auf die Vielfalt der Familienkonstellationen gerichtet sein und auf die Vermittlung dieser Vielfalt als Normalität.

Impulsfragen für Kinder

- Wer weiß, was eine Familie ist?
- Wer gehört zu einer Familie?
- Warum ist es bei jedem Kind etwas anders?
- Leben alle Familien zusammen? Warum ist das so?
- Wer bestimmt, wer zu einer Familie dazugehört?

Das Recht auf elterliche Fürsorge

Rätsellied: Mit wem kann ich gut lachen?

Mit wem kann ich gut lachen den ganzen Tag?
Mit wem auch manchmal streiten, wenn ich es mag?
1, 2, 3, wer mag das sein?
Lässt mich wirklich nie allein,
passt gut auf mich auf, ob ich groß bin oder klein!

(Melodie: Ein Männlein steht im Walde)

Fragen Sie die Kinder, ob sie eine Idee haben, wer in dem Lied gemeint ist. Für manche von uns ist es nur eine Person, für andere können es mehrere sein. Ob Eltern, Freunde, Haustiere: Wer zu uns gehört und in unserem Herzen einen Platz gefunden hat – das kann nur jede:r für sich selbst entscheiden. Tipp: Die farbig gedruckten Begriffe können beliebig ausgetauscht werden.

„Familie ist so etwas wie Mama und Papa. Und meine Schwester auch."

„Bei mir sind das auch Onkel Jens und Oma Inge."

„Also Kinder können auch Familie sein. Ich habe eine Kinderfamilie. Das sind Iris und Gilda und ich. Familie ist nämlich, wenn wir uns lieb haben."

„Das Klomonster hat bestimmt keine Familie. Das ist traurig."

Familienbild: Wer gehört zu dir?

Jedes Kind kann nun seine eigene Familie basteln: Wer gehört alles dazu? Gehen Sie mit den Kindern, die Bedarf haben, ins Gespräch. Die Kinder können ihre Familie malen oder auch mit unterschiedlichen Materialien gestalten, wie zum Beispiel mit Wolle für die Haare oder Stoffen für die Kleidung. Auch kleine Puppen aus Wäscheklammern oder Steinfamilien können dabei entstehen.

Die Kinder sollen selbst entscheiden, wer zu ihrer Familie gehört. Es ist auch vollkommen in Ordnung, wenn ein Kind beispielsweise nur ein Elternteil malt oder bastelt.

Im Anschluss kommen alle in einem Sitzkreis zusammen und können ihre Familienbilder der Gruppe vorstellen.

Kommen Sie in den Austausch:

- Warum gehört Opa zur Familie?
- Wieso ist das Lieblingskuscheltier dabei? Wieso das Haustier? Oder die Nachbarin?
- Was macht eine Familie aus?

Die Kinder erfahren so, dass Familie sehr unterschiedlich sein kann und Kinder Fürsorge von unterschiedlichen Menschen erfahren können.

Material: Papier/Bastelkarton, bunte Papierstücke, verschiedenfarbige Wolle, bunte Stoffe, Bastelmaterialien (z.B. Steine, Nüsse, Wäscheklammern), Filzstifte, Wachsmalstifte, Buntstifte in verschiedenen (Haut-)Farben, Kleber, Scheren

Mitmachgeschichte: Wie nennst du deine Eltern?

Mama, Papa, Oma und Opa – das sind bei Weitem nicht alle Familienbezeichnungen. Manche Familien sprechen eine andere Sprache. Manche Kinder nennen ihre Eltern beim Vornamen. Oder es gibt individuelle Bezeichnungen für Eltern und Großeltern, die über Generationen hinweg weitergegeben werden. Finden Sie heraus, wie sich die Familienmitglieder Ihrer Gruppenkinder gegenseitig nennen. Lassen Sie die Kinder im Sitzkreis von ihren Familienbezeichnungen erzählen und notieren Sie diese, um sie in der folgenden Mitmachgeschichte unterzubringen. Achten Sie darauf, dass kein Kind ausgelacht wird, auch wenn Bezeichnungen lustig klingen.

Lesen Sie dann die folgende Mitmachgeschichte vor. Die fett gedruckten Wörter können durch die individuellen Bezeichnungen Ihrer Kinder ersetzt werden. In Klammern finden Sie ein paar Beispiele für die Sprachen Spanisch, Rumänisch und Englisch.

Opa Peters Geburtstag

Opa (abuelo, bunicu, grandpa) Peter feiert heute seinen 75. Geburtstag! Dazu ist die ganze **Familie (familia, familia, family)** eingeladen – und zwar alle! Das heißt schon was, **denn Oma (abuelita, bunica, grandma)** und **Opa** haben selbst drei **Kinder (niños, copii, children)**: zwei **Töchter (hijas, fiice, daughters)**, einen **Sohn (hijo, fiu, son)** und **fünf Enkel (nietos, nepoți, grandchildren)**.
Alle reisen heute an, um diesen großen Tag mit **Opa** zu feiern. Das ist für **Oma** eine riesige Aufregung, denn ein Fest für die ganze **Familie** muss auch ordentlich vorbereitet werden. Der Tisch ist schön gedeckt und es duftet nach Kaffee und Kakao und leckerem Apfelkuchen. Den mag **Opa** am liebsten.
Mama (madre, mamă, mother) und **Papa (padre, tată, father)** sind auch schon ganz aufgeregt. Sie haben für **Opa** eine riesige Torte gebacken.
Schon klingelt es und **Opa** rutscht auf seinen Socken lustig bis zur Haustür. Da müssen **Mama** und **Papa** laut lachen. Nur **Oma** schimpft ein bisschen, weil sie sich Sorgen um **Opa** macht.
Opa macht die Tür auf und staunt nicht schlecht: So viele Gäste! Da sind **Tante (tía, mătușa, aunt)** Martha und **Onkel (tío, unchi, uncle)** Abu dabei und, zu meiner großen Freude, meine ganzen **Cousins (primos, verișori, cousins)** und **Cousinen (primas, verișoare, cousins)**. Auf sie freue ich mich am meisten, denn mit ihnen lässt es sich gut Verkleiden spielen, auf **Omas** Dachboden. Und alle haben bunte Luftballons und einen großen Blumenstrauß für **Opa**.
Nun kommt auch **Onkel** Samuel mit seinem Hund Eddie. Für Eddie hat **Oma** einen großen Knochen gekauft: „Der gehört ja auch dazu und soll es gut haben", sagt **Opa**.
Nachdem sich alle **Enkel** und **Tanten** und **Onkel** und **Mamas** und **Papas** und **Oma** und **Opa** herzlich begrüßt und umarmt haben, sitzen wir alle am großen Tisch und **Opa** strahlt glücklich: „Was für ein toller Geburtstag! Wie schön, wieder die ganze **Familie** bei uns zu haben. **Familie** ist so etwas Schönes! Findet ihr nicht auch?"

Gesprächsrunde: Gehört ein:e Freund:in auch zur Familie?

Freund:innen können auch zur Familie gehören oder sogar Familienersatz sein. Kontakte und Beziehungen unter Gleichaltrigen helfen, zu erfahren, wer man ist, wer einen mag, wen man selbst mag und gegen wen man eine Abneigung hegt. Freund:innen sind für viele Kinder eine Art Familie: Sie gehören dazu und werden zu allen Festen bedacht und eingeladen.

Freundschaften helfen Kindern, eigene Grenzen, Gefühle und Bedürfnisse kennenzulernen, aber auch Empathie für andere zu entwickeln. Über Freundschaften bauen sie Vertrauen zu anderen Kindern auf und entwickeln zusätzlich zum Ich- ein Wir-Gefühl.

Aber was ist eigentlich ein:e Freund:in? Wozu braucht man Freund:innen? Darf ich sie selbst wählen? Oder machen das meine Eltern für mich?

Gehen Sie zuerst mit den Kindern über diese Fragen ins Gespräch. Den Austausch können Sie mithilfe eines Aufnahmegerätes aufzeichnen, um ihn dann an einem anderen Kindergartentag mit der Gruppe anzuhören. Informieren Sie die Kinder aber darüber, dass Sie das Gespräch aufnehmen, um ihre wichtigen Antworten nicht zu vergessen.

Lassen Sie die Kinder in einem ersten Schritt überlegen, was eine:n Freund:in ausmacht und wer ein:e Freund:in sein oder werden kann.

„Das sind am meisten Beschützer oder Helfer."

„Das sind Freunde, die sich immer nicht streiten."

„Jonas ist ein Freund. Oma und Opa sind auch Freunde."

„Das sind Spielkameraden."

Sprechen Sie dann darüber, wofür wir Freunde brauchen.

„Um zu spielen, mit Mama und Papa kann man nicht so viel spielen."

„Wenn man sich einmal nicht traut, zu einem Erzieher zu gehen und etwas zu fragen, dann kann man einen Freund fragen, ob er mitkommt."

„Zum Geburtstagfeiern und zum Kuscheln."

„Man kann, wenn man eine Torte backt, einen Freund fragen, ob er helfen kann."

„Wenn ein Freund zu einem Freund kommt, dann können sie sich verstecken."

„Freunde können auch helfen beim Kuchenessen, zum Beispiel esse ich ein Teil vom Kuchen und der andere das zweite Teil."

Kreatividee: Das Band der Freundschaft

Fragen Sie die Kinder, wer ihre Freund:innen sind. Gemeinsam mit ihrem Freund oder ihrer Freundin können sie nun ein Freundschaftsbild gestalten. Das geht so: Jedes Paar nimmt sich ein Blatt Papier. Dann bepinseln sich die Kinder gegenseitig oder jedes sich selbst eine Handfläche in der gewünschten Farbe.

Die Kinder drücken ihre Hände dann abwechselnd auf das Papier, sodass ein Band aus Händen entsteht. Selbstverständlich geht dies auch zu dritt oder zu viert, wenn es das Grüppchen so möchte.

Anschließend können die Kinder ihre Namen unter die Handabdrücke schreiben oder von Ihnen schreiben lassen. Jedes Paar darf sein Bild im Kita-Flur aufhängen und so seine Freundschaft besiegeln.

Material: Papier, Pinsel, Acryl- oder Fingerfarbe

Reflexion

Haben Sie die Antworten der Kinder aufgenommen? Dann können Sie das Thema vertiefen, indem Sie die Aufnahmen im Morgenkreis abspielen. Die Kinder hören ihre Stimmen und sind stolz auf ihre Antworten. Vielleicht fällt ihnen noch mehr zum Thema ein. Folgende Fragen können als Gesprächsanlass dienen:

- Wie gehen Freund:innen miteinander um?
- Können Freund:innen sich auch einmal streiten?
- Was können wir nach einem Streit machen?
- Ist man nach einem Streit noch befreundet?

Das Recht auf Meinungsfreiheit und Beteiligung

Jedes Kind hat das Recht, mitzureden, ernst genommen und an allen Entscheidungen, die es selbst betreffen, beteiligt zu werden. Zusätzlich gibt es das Recht, informiert zu werden, um sich eine eigene Meinung zu bilden.

Dieses Recht beinhaltet, dass Kinder gefragt und einbezogen werden. Es ist wichtig, dass sie sich mit ihren Fragen und Wünschen ernst genommen fühlen. Dafür sind Erwachsene verantwortlich. Das heißt jedoch nicht, dass Erwachsene alles wissen müssen. Vielmehr können sie sich mit den Kindern auf Erkundungstour begeben, um gemeinsam Antworten auf Fragen zu finden. So können die Kinder sich eine eigene Meinung bilden. Achten Sie im Alltag auf die Fragen der Kinder und nehmen Sie diese auf. Wenn die Zeit es zulässt, können Sie sofort darauf eingehen. Ist dies nicht der Fall, vereinbaren Sie mit den Kindern, dass Sie der Frage zu einem anderen Zeitpunkt gemeinsam nachgehen werden.

Impulsfragen für Kinder

- Was findest du spannend?
- Was möchtest du von Erwachsenen wissen?
- Was möchtest du lernen?
- Was spielst du gern?
- Was würdest du gern einmal ausprobieren?
- Was macht dich fröhlich?
- Was macht dir Angst?

Das Recht auf Meinungs-freiheit und Beteiligung

Gestaltungsidee: Immer gut informiert!

Die Kinder-Infotafel wird auf Augenhöhe der Kinder an einem zentralen Ort aufgehängt, damit die Kinder sie jederzeit einsehen können, ohne um Hilfe zu fragen. Welche Informationen können an die Tafel gepinnt werden? Im Grunde alles, was die Kinder betrifft: zum Beispiel der Speiseplan für den aktuellen Tag, Fotos von den Erzieher:innen, die heute da sind, Wochen- und Tagespläne oder Inserate anderer Kinder – etwa, wenn jemand etwas verloren hat.

Arbeiten Sie mit Fotos, sodass die Kinder die Tafel jederzeit ohne Hilfe verstehen und ihren Familien selbst erzählen können, was der Speiseplan für den Tag vorsieht oder was die Gruppe geplant hat. Führen Sie die Kinder immer wieder in den Umgang mit der Infotafel ein, sodass der Blick darauf zu einem beliebten Ritual im Alltag wird. Fragen Sie regelmäßig nach, wie die Tafel ankommt:

- Verstehst du alles, was an der Tafel hängt?
- Was fehlt dir an der Tafel?
- Soll die Tafel so bleiben?
- Wie kann die Infotafel für dich besser werden?

Material: Magnettafel, Magnete, Fotos, Symbolbilder

Lied: Schau genau und hör gut zu

Meine Meinung, Tag für Tag,
sag ich so, wie ich es mag.
Manchmal leis und manchmal laut,
genauso hab ich mich getraut!

Und ist es manchmal richtig schwer,
dann sitz ich da und sag nichts mehr.
Zeig mir freundlich, wie das geht,
dass mich auch jeder gut versteht.

Wir sprechen auch ohne ein Wort,
hier und auch an jedem Ort.
Nicken, winken, Schulter zucken,
lustig und auch spannend gucken.

Schau genau und hör gut zu,
dann verstehst du mich im Nu.
Denn wir alle, und auch du,
sind wichtig und gehör'n dazu.

(Melodie: Brüderchen, komm tanz mit mir)

Collage: Kinder gestalten ihre Kita!

Kinder kommen in die Kita und finden dort Räume vor, die von Pädagog:innen mit guten Vorsätzen und oft mit viel Mühe gestaltet wurden. Doch nicht selten sehen wir die Welt mit erwachsenen Augen und haben den kindlichen Blick verloren. Wir planen Raumecken, um Kindern Bildung zu ermöglichen und ihre Interessen zu fördern. Doch ist das auch wirklich im Sinne der Kinder? Gehen Sie gemeinsam mit Ihren Kindern durch die Kita und lassen Sie die Kinder die Räume bewerten.

Auf Foto-Tour

In Grüppchen begehen die Kinder die Räume und haben die Aufgabe, alles zu fotografieren, was ihnen besonders gut gefällt oder was sie gern verändern möchten. Teilen Sie die Kinder, wenn möglich, in zwei Gruppen auf: Die eine Gruppe fotografiert alles, was die Kinder mögen, die zweite Gruppe sucht Ecken heraus, die sie ändern möchte. In einem zweiten Schritt tauschen die Gruppen die Aufgaben, sodass alle Kinder beide Seiten beleuchten konnten. Drucken Sie die Fotos aus.

Setzen Sie sich im Anschluss mit den Kindern in den Gruppenraum. Die Kinder dürfen nun gemeinsam zwei Collagen kleben: Auf das eine Blatt kommen Fotos von richtig schönen Ecken der Kita oder des Gruppenraumes, während in der zweiten Collagen diejenigen Bilder zusammengestellt werden, die Verbesserungswürdiges zeigen.

In einem Gesprächskreis werden nun die Collagen betrachtet und besprochen. Halten Sie die Gedanken der Kinder schriftlich auf den Collagen fest und hängen Sie diese sichtbar in der Kita auf. So werden die Eltern direkt auch informiert.

Fragen Sie die Kinder, wie die unschönen Ecken der Kita verändert werden könnten, und halten Sie die Wünsche fest. Besprechen Sie, welche Änderungen wirklich machbar und welche unrealistisch sind. Wichtig: Machbare Änderungen müssen auch in Angriff genommen werden, damit die Kinder sich als selbstwirksam erleben und solche Aktionen nicht ins Leere laufen.

Material: Fotokameras, Drucker, Flipchartpapier oder Papierrolle, Kleber, Filz- und Buntstifte

Demokratie erleben: Wir entscheiden gemeinsam

Wir alle wollen mitbestimmen und unseren Alltag mitgestalten dürfen. In einer Demokratie als Staatsform hat das Volk die Möglichkeit, sich durch Wahlen an wichtigen Entscheidungen des Staates zu beteiligen. In der Alltagsdemokratie im Kindergarten müssen die Erwachsenen darauf achten, dass Kinder Demokratie erleben können und im Alltag Möglichkeiten bekommen, sich an Entscheidungen zu beteiligen, die sie betreffen. Dieser Lernprozess ist achtsam zu begleiten, denn Mitbestimmen bedeutet nicht immer, seine Wünsche erfüllt zu bekommen. Wie Erwachsene müssen auch Kinder lernen und üben können, mit einer Mehrheitsentscheidung zurechtzukommen. Fangen Sie die Kinder auf, die über eine Abstimmung frustriert sind: Es ist in Ordnung, sich zu ärgern! Dennoch ist es wichtig, die gemeinsame Entscheidung auch zu akzeptieren und mitzutragen.

Abstimmungsmethoden

Um die Kinder zu beteiligen, muss jede Kita und jede:r Pädagog:in die richtige Methode finden. Im Folgenden finden Sie einige Methoden, die sich leicht im Alltag integrieren lassen.

In welchen Alltagssituationen können Kinder mitentscheiden?

- Welcher Spielplatz soll besucht werden? (Fotografieren Sie hierzu im Voraus die verschiedenen Spielplätze in Kita-Nähe.)
- Welche neuen Spielsachen werden noch für den Gruppenraum gebraucht?
- Hat das Essen geschmeckt? Soll dieses Essen noch einmal gekocht werden?
- Welches Buch wird zum Ausruhen vorgelesen?
- Welches Theaterstück soll besucht werden?
- Welches Lied soll im Morgenkreis gesungen werden?
- Welches Spiel wollen die Kinder spielen?

Muggelsteine

Was soll es an Fasching als Mittagessen geben? Halten Sie die Vorschläge der Kinder fest und drucken Sie zu jedem ein Foto aus (z. B. Pommes mit Würstchen, Pizza und Kartoffelbrei mit Fischstäbchen). Legen Sie die Fotos während des Morgenkreises auf den Boden. Nun erhält jedes Kind einen Muggelstein und darf diesen auf das Foto legen, das es wählen möchte.

Hat jedes Kind gewählt, so werden die Muggelsteine gezählt: Lassen Sie die Kinder die Steine zählen und fragen Sie anschließend, welches Foto die meisten Steine bekommen hat. Dieses hat die Wahl gewonnen. Manche Kinder trauen sich nicht? Für eine geheime Wahl legen Sie die Fotos einfach hinter einen Raumtrenner oder in den Nebenraum. Nachdem ein Kind gewählt hat, legen Sie seinen Muggelstein in zugeordnete Schalen – so sieht jedes wählende Kind nur die Fotos und nicht die schon gelegten Steine. Auch Strichlisten sind eine Alternative.

Daumen hoch – Daumen runter

Für einfache Abstimmungen, etwa ob der Pudding geschmeckt hat, können die Kinder mit dem Daumen nach oben oder nach unten zeigen.

Ampelregelung

Jedes Kind bekommt eine rote, eine gelbe und eine grüne Karte – damit hat es drei Antwortmöglichkeiten: ja, nein und unentschlossen (Enthaltung). Bei einer Abstimmung hält jedes Kind eine Karte hoch. Zählen Sie die Stimmen ab und fragen Sie auch hier die Kinder, welche Antwort mehr Stimmen erhalten hat. Wiederholen Sie dann die gemeinsam getroffene Entscheidung.

Gesprächskreis: Unsere Regeln

In einer Gemeinschaft gibt es immer Regeln, damit das Zusammenleben besser funktionieren kann. Aber wer stellt diese Regeln auf? Es müssen nicht immer Erwachsene sein, die die Regeln bestimmen. Kinder können ebenso überlegen, welche Regeln etwa für den Morgenkreis wichtig sind. Gehen Sie mit den Kindern ins Gespräch und überlegen Sie gemeinsam, was wichtig ist, damit alle sich im Morgenkreis wohlfühlen und Spaß haben.

?

Impulsfragen für Kinder

- Welche Regeln brauchen wir für unseren Morgenkreis?
- Was braucht jedes Kind, um sprechen zu können?
- Dürfen alle Kinder und Erwachsenen zur gleichen Zeit sprechen?
- Wer darf eine Aufgabe im Morgenkreis übernehmen?
- Wie können wir ein Kind auswählen, das eine Aufgabe übernimmt?

Mit gemeinsam erarbeiteten Regeln können sich die Kinder identifizieren. Es fällt ihnen leichter, diese einzuhalten, weil sie sie als Gruppe für notwendig befunden haben.

„In der Schule muss man sich melden!"

„Mama hört mir immer zu, wenn ich rede!"

„Wenn sich alle abwechseln, bin ich heute auch noch dran."

„Also den Morgenkreis dürfen nur die Kinder bestimmen."

Beispiel: Gemeinsame Regeln im Straßenverkehr

Manchmal stehen auch neue Regeln an, zum Beispiel wenn die Kinder einen Ausflug machen. Da heißt es: Was ist wichtig im Straßenverkehr und wie müssen wir uns verhalten, damit wir alle sicher ans Ziel kommen? Fragen Sie die Kinder im Sitzkreis, welche Regeln sie brauchen, um sicher anzukommen.

Aus den Vorschlägen der Kinder entstehen wichtige Regeln, die alle dann auch befolgen, weil sie gemeinsam formuliert wurden. Fragen Sie die Kinder, ob sie die Regeln für die Kita aufmalen wollen. So können sie sich immer wieder gegenseitig daran erinnern. Hängen Sie die Bilder an einem für alle sichtbaren Ort auf und schreiben Sie darunter den Wortlaut, damit dieser vor Ausflügen wiederholt und nicht vergessen wird.

„Wir dürfen nicht hauen!"

„An der Ampel stehen bleiben."

„Wir müssen einen Freund an der Hand anfassen."

„Zuhören, wenn Jana etwas sagt."

Unsere Verkehrsregeln

An der Ampel bleiben wir stehen.

Wir hören uns gegenseitig zu.

Wir sind freundlich zueinander.

Wir hören zu, wenn die Erzieher:innen uns etwas sagen.

Wir bleiben zusammen.

Gesprächskreis: Das Kinder-Wochen-Meeting

Führen Sie ein regelmäßiges Treffen mit den Kindern ein, zum Beispiel jede Woche am Freitag. Bilden Sie einen Sitzkreis in der Gruppe. Erklären Sie, dass in diesen regelmäßigen Treffen besprochen werden kann, was in der Kita-Woche gut gelaufen ist und was nicht und ob die gemeinsamen Regeln auch gut funktionieren.

?

Impulsfragen für Kinder

- Was hat in dieser Woche gut geklappt?
- Konnten die gemeinsamen Regeln gut eingehalten werden?
- Gibt es eine Regel, die schwer einzuhalten ist?
- Was hat euch in dieser Woche gut gefallen?
- Was hat euch nicht so gut gefallen?
- Was wünscht ihr euch für die nächste Woche?
- Was kann besser laufen?

Halten Sie die Gedanken und Wünsche der Kinder fest. Haben Sie eine Infotafel für die Eltern? Dann machen Sie eine Spalte für das Kinder-Wochen-Meeting frei, um dort die Zitate der Kinder zu platzieren.

Was wir uns für diese Woche vornehmen

In der neuen Woche, am Montagmorgen, lesen Sie den Kindern die Eintragungen vor und überlegen zusammen, wie die Woche in der Gruppe verlaufen soll. Eventuell müssen anhand der Gedanken und Wünsche der Kinder neue Beschlüsse gefasst werden.

Impulsfragen für Kinder

?

- Wie kann das Aufräumen besser funktionieren?
- Wer muss was aufräumen? Wer kann dabei helfen?
- Was tun, wenn ein Kind nicht aufhört, zu hauen?
- Wer darf wie lange in die beliebte Bauecke?

Wenn die Kinder-Meetings regelmäßig stattfinden, fällt es den Kindern mit der Zeit immer leichter, ihre Meinung vor der Gruppe zu sagen, ihre Sorgen loszuwerden und gemeinsame Regeln aufzustellen, die für alle gut sind. Sie erfahren, dass sie in ihrem Tun und mit ihren Gedanken ernst genommen werden.

8

Das Recht auf Privatsphäre

Jedes Kind hat das Recht auf seine eigenen kleinen Geheimnisse.

Was bedeutet eigentlich „Privatsphäre“? Vielleicht hat das eine oder andere Kind schon davon gehört? Manche nennen es „privat“, andere sprechen von „geheim“. Und auch Kinder wissen sehr wohl, was ihnen gehört, was sie für sich behalten wollen und was sie teilen möchten. Dies gilt sowohl für Gegenstände als auch für Wissen, Geschichten und Gedanken. Erwachsene sollten hier ihr Verhalten reflektieren und ihr Handeln immer wieder überdenken. Nur zu leicht ist es, dieses Recht gegenüber Kindern zu übergehen.

Impulsfragen für Kinder

?

- Wer hat zu Hause ein eigenes Zimmer? Oder eine eigene Ecke, die nur dem Kind gehört?
- Wer räumt das Zimmer auf?
- Haben die Kinder zu Hause ein Fach, das nur ihnen gehört?
- Hat jemand ein Versteck für geheime Dinge?
- Hat jemand geheime Dinge und Gedanken?
- Wer darf die geheimen Dinge anschauen?
- Was können Kinder tun, um ihre geheimen Dinge zu verstauen?

8

Das Recht auf Privatsphäre

Kreativaktion: Meine eigene Schatzkiste

Setzen Sie sich mit den Kindern in einen Gesprächskreis und sprechen Sie über Geheimnisse. Kündigen Sie an, dass jedes Kind eine geheime Kiste gestalten darf, in der es seine persönlichen Dinge verstauen kann. Dafür bekommt jedes Kind einen Schuhkarton und darf diesen nach seinem Geschmack gestalten. Hier können die Kinder kreativ werden und ihre Kartons so lange bekleben und bemalen, bis sie zu ganz persönlichen Schatzkisten werden. Eine einzige Vorgabe gibt es: Jedes Kind klebt ein Foto von sich auf seine Kiste. So ist für alle sichtbar, wem die Schatzkiste gehört.

Schaffen Sie einen Platz für die Schatzkisten, sodass sie jederzeit von den Kindern zu erreichen sind. Die fertigen Kisten dürfen im Morgenkreis vorgestellt und gewürdigt werden. Dann besprechen Sie mit den Kindern, wie mit den Kisten umgegangen wird.

Die Kinder bestimmen selbst, was in die Schatzkisten hineinkommt: gemalte Bilder oder Geburtstagseinladungen, aber auch Dinge von zu Hause, die die Kinder hier verstecken wollen. Wichtig ist: Jedes Kind bestimmt ganz allein, wer in seine Kiste hineinschauen darf! Diese Regel gilt sowohl für alle anderen Kinder als auch für die Erwachsenen. Möchte jemand in eine Kiste hineinschauen, so muss das jeweilige Kind gefragt werden. Die gleiche Regelung können Sie zum Beispiel auch für die Garderobenfächer und die Portfolios der Kinder einführen.

Material: ein Schuhkarton für jedes Kind, ein Foto von jedem Kind, Bastelmaterialien (z. B. buntes Papier, Federn, Knöpfe, Pfeifenputzer, Papierschnipsel, Spiegelfolie, Gold- oder Silberfolie), Kleber, Filz- oder Buntstifte

Geschichten: Gute und schlechte Geheimnisse

Kinder und auch Erwachsene dürfen Geheimnisse haben. Um Kinder stark zu machen und zu schützen, gilt es aber, über die unterschiedlichen Qualitäten von Geheimnissen zu sprechen.

Impulsfragen für Kinder

- Was ist ein Geheimnis?
- Hat jemand von euch schon einmal ein Geheimnis gehabt? Mag er oder sie davon berichten?
- Hat man Geheimnisse allein oder mit jemandem zusammen?
- Wer darf über die Geheimnisse sprechen?
- Wem erzählen Kinder ihre Geheimnisse?
- Wie fühlt es sich an, ein Geheimnis zu haben?
- Wem nützt es, wenn das Geheimnis bestehen bleibt?
- Was ist der Unterschied zwischen Petzen, Weitersagen und Hilfe holen?

Lesen Sie die folgenden Kurzgeschichten vor und lassen Sie die Kinder beratschlagen, ob es sich hier jeweils um gute oder schlechte Geheimnisse handelt. Nach jeder Geschichte können die Kinder überlegen, ob sich die beschriebenen Geheimnisse gut anfühlen oder nicht, und sich beraten, was sie den Kindern in der jeweiligen Geschichte raten würden.

Impulsfragen für Kinder

- Sind das gute Geheimisse?
- Sind das Geheimnisse, die man für sich behält?
- Wie fühlt es sich an, ein solches Geheimnis zu haben?
- Mit wem können die Kinder sprechen, wenn sich ein Geheimnis nicht gut anfühlt?

Elif und das Geburtstagsgeheimnis

Elifs Mama hat bald Geburtstag. Elif hat aus Bügelperlen ein buntes Herz für Mama gebastelt. Das hat sie gut unter ihrem Kopfkissen versteckt: An diesem Ort kann sie immer gut darauf aufpassen. Onkel Abu hat nun auch ein paar gute Ideen für Mamas Geburtstag, kann sich aber nicht so recht entscheiden und fragt ganz heimlich Elif um Rat: „Was meinst du, Elif? Würde sich Mama mehr über eine neue Bluse freuen oder darüber, dass Onkel Abu Mamas Fahrrad repariert?“ – „Ganz klar!“, antwortet Elif. „Mamas Fahrrad ist schon so lange kaputt, da freut sie sich bestimmt, wenn sie es wieder fahren kann.“ – „Das muss aber geheim bleiben“, sagt Onkel Abu. „Das darfst du Mama nicht verraten. Schaffst du das?“ Elif verspricht, dass sie sich ganz viel Mühe geben wird, dieses Geheimnis nicht Mama zu erzählen.

Anja und der Babysitter

Anjas Mama arbeitet im Krankenhaus und kommt manchmal spät nach Hause. An diesen Tagen holt Opa Anja vom Kindergarten ab. Bei Opa darf Anja richtig viel: länger Fernsehen. Pudding essen und Limonade gibt es meistens auch. Anja mag Opa richtig gern. Aber die letzten Male bei Opa waren nicht mehr so schön. Irgendetwas war anders. Beim Fernsehen hat sich Opa ganz nah neben Anja gesetzt und ihr immer wieder einen Kuss gegeben. Das mag Anja nicht. Sie traut sich aber nicht, es Opa zu sagen. Da musste Anja ganz lange weinen. Und dann durfte sie von Opas Pralinen essen und Opa hat gesagt: „Du darfst nicht weinen und es auch nicht Mama erzählen. Sonst darfst du mich nicht mehr besuchen. Und dann bin ich sehr, sehr traurig. Und das willst du doch nicht, oder?"

Mit Kindern über sensible Themen sprechen

An dieser Stelle ist es wichtig, die Kinder sensibel zu begleiten und auch jedes Kind, das möchte, zu Wort kommen zu lassen – etwa mit Hilfe eines Erzählsteins, der immer weitgereicht wird.

Achten Sie bei solch sensiblen Themen auf eine offene, nicht belehrende, Gesprächsrunde – das regt die Kinder dazu an, ihre Gedanken offen mitzuteilen. Nehmen Sie jedes Kind ernst in seinen Aussagen. Notieren Sie die Aussagen der Kinder oder nehmen Sie diese mit einem mobilen Gerät auf. So können Sie im Nachhinein diese mit dem jeweiligen Kind noch einmal in Ruhe besprechen oder mit in ein Elterngespräch nehmen.

Fühlen sich die Kinder sicher in der Gruppe? Dann werden sich manche öffnen und von eigenen Erlebnissen erzählen. Gehen Sie darauf in der Gruppe so viel wie nötig ein, um die anderen Kinder abzuholen. Sensible Themen nehmen Sie jedoch bitte gesondert mit dem jeweiligen Kind nochmal in einer ruhigen Situation auf.

Achten Sie in der Runde auch auf Kinder, die beim Vorlesen der Geschichte besonders ruhig, teilnahmslos oder traurig wirken und gehen Sie im Nachhinein mit dem Kind ins Gespräch: Wie fand das Kind die Geschichte? Was hat es dabei bewegt? Hat es auch so etwas erlebt, wie das Kind in der Geschichte?

Eine sensible Begleitung beinhaltet zudem, den Kindeswohl-Auftrag immer im Blick zu behalten und bei jeder Unsicherheit das Gespräch im Team, mit der Kita-Leitung und der Kindeswohlbeauftragten Ihrer Einrichtung und letztendlich mit den Eltern des Kindes zu suchen.

Emma und das Verliebtsein

Emma und ihr Zwillingsbruder Leo gehen gern in die Kita. Dort machen sie alles zusammen. Sie gehen in dieselbe Gruppe und bauen am liebsten ganz hohe Bausteintürme! Doch seit einigen Tagen möchte Leo immer wieder lieber mit Dora spielen: Er geht mit Dora in den Garten und mit Dora zum Vesper und nun will er auch Doras Hand beim Ausflug halten. Da musste Emma ganz doll weinen. So doll, dass Leo sie getröstet und ihr ganz heimlich gestanden hat: „Ich denke, dass ich Dora heiraten will! Das ist aber ein Geheimnis, Emma, okay?“ Das mit dem Geheimnis hat Emma schon verstanden und sie wollte es auch für sich behalten. Aber als Leo dann auch noch beim Ausflug Dora seinen Keks geschenkt hat … da wurde Emma richtig wütend und hat ganz laut geschrien: „Leo ist verliebt. Er und Dora heiraten bestimmt!“ So laut hat sie das gerufen, dass es alle hören konnten!

Jonas Büchergeheimnis

Jonas ist seit Kurzem Vorschüler in der Kita. Er ist richtig stolz darauf. Seit er in der Vorschulgruppe ist, darf er ganz allein oder mit ein paar Freunden in der Kita-Bibliothek sein. Hier gibt es einige Regeln, die Jonas kennt und als Vorschüler auch einhalten muss. Eine davon ist, kein Essen mit in die Bibliothek zu bringen. Da ist Nadine, die Erzieherin, sehr streng. Doch heute hat Jonas so großen Hunger und überhaupt keine Lust, sein Marmeladenbrot im Essensraum mit den anderen zu essen. Er schleicht sich also ganz heimlich mit seinem Brot in die Bibliothek, holt sich ein Buch aus dem Regal und genießt es richtig, allein ein Buch anzuschauen und dabei sein Marmeladenbrot zu essen. Plötzlich geht die Tür auf und Elisa, auch eine Vorschülerin, kommt in die Bibliothek. Und da passiert es: Jonas erschrickt und lässt das Marmeladenbrot auf das Buch fallen! Es hilft nichts: Die Buchseite ist nun ganz verschmiert und klebrig. „Ich sage das Nadine!“, kreischt Elisa schadenfroh. Diese alte Petze, denkt Jonas. Aber Angst hat er auch ein bisschen. „Es sei denn …“, überlegt Elisa, bevor sie fortfährt: „Es sei denn, du schenkst mir deine Playmobilfiguren! Dann verrate ich dich nicht!“

Reflexion

Vor dem Kita-Ausflug möchten Sie wissen, ob alle ihre Regenhosen und ihre Verpflegung eingepackt haben – schnell nachzuschauen wäre die einfachste Lösung. Doch: Den Rucksack eines Erwachsenen würden wir auch nicht einfach öffnen. Das wäre für uns respektlos und übergriffig. Dies ist es jedoch auch bei Kindern! Denn auch für sie gehört der Rucksack zum privaten Eigentum. Auch Kinder wollen gefragt werden, bevor ihre privaten Dinge einfach durchsucht werden. Fragen Sie also unbedingt um Erlaubnis: „Darf ich in deinen Rucksack schauen? Ich möchte sichergehen, dass du auch alles eingepackt hast.“

Das Recht auf Schutz vor Gewalt

Drohungen und Schläge sind streng verboten! Jedes Kind hat das Recht, gewaltfrei aufzuwachsen. Niemand darf Kinder schlagen, einsperren oder zu etwas zwingen, wovor sie sich fürchten oder ekeln.

Erwachsene müssen Kinder vor Gewalt schützen. Aber was ist eigentlich Gewalt? Sich wiederholende Gesprächsrunden sind wichtig, um die Kinder für dieses Thema zu sensibilisieren. Auch heißt es, in konkreten Alltagssituationen achtsam zu sein und die Kinder dabei zu unterstützen, einerseits ihre eigenen Grenzen zu verteidigen und andererseits die des Gegenübers zu sehen und zu achten.

Impulsfragen für Kinder

?

- Was ist eigentlich Gewalt? Hast du schon einmal Gewalt (mit-) erlebt?
- Hat dir schon einmal jemand wehgetan?
- Hast du schon einmal jemandem wehgetan?
- Was können wir tun, wenn uns jemand Gewalt antut?
- Was können wir tun, wenn wir etwas nicht wollen?
- Was können wir tun, wenn wir beobachten, dass einem anderen Menschen Gewalt angetan wird?
- Ist es gut, wenn man es jemandem erzählt?

Das Recht auf Schutz vor Gewalt

Kreativaktion: STOPP, das mag ich nicht!

Für seine Meinung einzustehen und genau zu sagen, was man mag und was nicht, ist ein großer Entwicklungsschritt. Manchen Kindern fällt das leicht, anderen schwerer. Die Kinder darin zu stärken, ihre Grenzen zu erkennen und sie gegenüber anderen zu verteidigen, ist eine wichtige Aufgabe der Pädagog:innen im Kindergartenalltag und ein wichtiger Teil einer präventiven Erziehung. Das Thema *Gewalt* spaltet die Meinungen. Schätzen Sie ab, wie tiefgründig oder sanft Sie dieses Thema mit Ihren Kindern behandeln möchten.

Was heißt Gewalt für mich?

Zum Einstieg können Sie mit den Kindern das Lied *Hau mich* von Frederik Vahle singen, um im Anschluss zu besprechen, was das Wort *Gewalt* generell und für jede:n Einzelne:n bedeutet. Nach dem Gespräch kann jedes Kind auf ein DIN A5-Blatt malen, was es unter Gewalt versteht.

Fragen Sie die Kinder, was sie gemalt haben, und schreiben Sie die Antworten ggf. mit auf die Blätter, damit Sie die Themen der Bilder in der folgenden Gesprächsrunde wieder aufgreifen können. Laminieren Sie die Bilder, um länger mit den Kindern an dem Thema arbeiten zu können.

Nun malt jedes Kind die Innenseite eines Papptellers rot an. Anschließend werden die Pappteller mit den Bildern beklebt – mit der Heißklebepistole klappt das auch mit laminierten Bildern gut. Sind die Kunstwerke fertig, können Sie das Thema in einem Sitzkreis wieder aufnehmen und ins Gespräch gehen.

Gewalt ist nicht nur körperlich

Legen Sie eine große rote Hand aus Pappe in die Kreismitte. Um die Hand herum platzieren Sie die roten Pappteller mit den gestalteten Bildern. Dann kann jedes Kind aus dem Kreis seinen Pappteller aussuchen und den anderen Kindern erzählen, was es gemalt hat.

Vielleicht hat das eine oder andere Kind „Schimpfen", „Spucken" oder „Küssen" aufgemalt. Erklären Sie, dass Gewalt nicht immer körperlich sein muss, sondern auch im Herzen wehtun kann. Was man mag und was nicht, bestimmt jede:r selbst – ein *Stopp!* muss immer gehört werden.

Material: weißes und rotes Tonpapier, ein Pappteller für jedes Kind, Stifte, Scheren, rote Acrylfarbe, Pinsel, Bastelkleber, ggf. Laminierfolie und -gerät, Heißklebepistole

„Das ist, wenn mich jemand beißt."

„Kai hat mir die Schippe weggenommen. Dann habe ich ihn gehauen!"

„Auslachen tut auch weh!"

Lied: Weil ich mich nicht wehren kann

Kleine Hände habe ich, mit kleinen Fingern dran.
Die darfst du niemals hauen, weil ich mich nicht wehren kann.
Du kannst sie gerne streicheln, schütteln oder schmeicheln,
dann frag ich: „Woll'n wir Feunde sein, ein ganzes Leben lang?"

Kleine Füße habe ich, mit kleinen Zehen dran.
Die darfst du niemals treten, weil ich mich nicht wehren kann.
Du kannst sie gerne streicheln, kitzeln oder schmeicheln,
dann frag ich: „Woll'n wir Feunde sein, ein ganzes Leben lang?"

Mit meinen Augen schaue ich die große Welt mir an.
Die darfst du niemals schließen, weil ich mich nicht wehren kann.
Komm mit auf meine Reise, auf ganz besondere Weise,
sag ich dir: „Woll'n wir Feunde sein, ein ganzes Leben lang?"

Und meine Worte sprechen ganz offen alles an.
Das darfst du nicht verbieten, weil ich mich nicht wehren kann.
Mach mit und lass mich fragen, dann kannst du es auch wagen
und sagen: „Woll'n wir Feunde sein, ein ganzes Leben lang?"

(Melodie: Kleine Igel schlafen gern)

Massage: Nur ich weiß, was mir guttut!

Manche Berührungen mögen wir, andere gar nicht – in diesem Angebot erfahren die Kinder, welche Berührungen sie als angenehm empfinden, und üben, zu verbalisieren, was sie mögen und was nicht.

Dazu finden sie sich in Paaren zusammen – achten Sie darauf, dass alle Paare freiwillig zusammenkommen und sich alle Kinder wirklich wohlfühlen. Nun darf ausprobiert werden: Das erste Kind legt sich bequem auf eine Matte und wird von seinem Partnerkind mit einem der bereitgelegten Gegenstände berührt und massiert. Dabei entscheidet jedes Kind selbst, mit welchem Gegenstand es als Nächstes massiert werden will. Nach kurzer Zeit werden die Rollen getauscht und das andere Kind kann sich einen Gegenstand aussuchen.

Möchten die Kinder alle Gegenstände ausprobieren? Ist etwas dabei, das sie ablehnen? Achten Sie darauf, dass darauf Rücksicht genommen wird. Fragen Sie die Kinder zwischendurch immer wieder, wie sie die Berührungen empfinden. Zum Schluss kann jedes Kind sich noch einmal mit dem Lieblingsgegenstand massieren lassen.

Material: Matten und Kissen, leise Musik, Igelbälle, Tennisbälle, Zottelbälle, Federn, Tücher, etc.

Geschichte: Ich will keinen Kuss

Vielleicht kennen Ihre Kinder ähnliche Situationen wie die von Elias in der folgenden Geschichte? Ob Küsse von Oma, Tante oder bestem Freund – Küsse sind nur dann schön, wenn beide Seiten damit einverstanden sind. Lesen Sie den Kindern die Geschichte vor: Im Anschluss können sie Lippenabdrücke auf Papier machen und daraus Kuss-Bilder gestalten: einfach die Lippen mit Lippenstift schminken und auf ein Blatt Papier pressen. Um den Kussmund herum können die Kinder sich selbst dann so malen, wie es ihnen gefällt.

?

Impulsfragen zur Geschichte

- Wie könnte die Geschichte weitergehen?
- Was kann Elias tun?
- Wer hat schon einmal jemanden geküsst oder wurde geküsst?
- Wie hat sich das angefühlt?
- Fühlt es sich gleich an, wenn der Kuss von Mama oder Papa, einem Freund oder einer Freundin kommt?
- Wer weiß denn, wie das geht mit dem Küssen? Wer darf denn nun wen küssen?

Schöner, doofer Kussmund

Elias ist neu im Kindergarten und hat zum ersten Mal eine Geburtstagseinladung in seinem Fach liegen. Eigentlich hat er sich das die ganze Zeit gewünscht. Doch jetzt, wo es so weit ist, mag er doch nicht so gern hingehen. Die Einladung zerknüllt er und stopft sie tief in seine Jackentasche. Und Mama erzählt er auch nichts davon.
Wie doof, dass Mama die Einladung dann doch findet und Elias darauf anspricht: „Wie toll, Leonard hat dich zu seinem Geburtstag eingeladen!" – „Da will ich nicht hin", sagt Elias und verkriecht sich in seinem Zimmer. Doch Mama will es jetzt genau wissen. Denn, ehrlich gesagt, ist Leonard ein ziemlich guter Freund von Elias: Mit ihm lässt es sich gut kämpfen und raufen und im Türmebauen ist Leonard ganz große Klasse. Wenn er Elias nicht immerzu umarmen und küssen würde, wäre Leonard sein allerbester Freund …

Gesprächskreis: Streit-Arena

Gewalt passiert jeden Tag! Und das tut weh. In Konfliktsituationen lernen und üben Kita-Kinder täglich, sich Gehör zu verschaffen, Konflikte zu lösen, sich zu wehren und für ihr Recht einzustehen. Dies gelingt manchen Kindern richtig gut, andere wiederum brauchen hier und da etwas Unterstützung von Erwachsenen. Kinder vor Gewalt zu schützen, ist unsere Aufgabe als Erwachsene und Pädagog:innen. Doch am besten schützen wir Kinder, indem wir ihnen helfen, selbst auf sich zu achten und sich in der Not Hilfe zu holen.

Kleine und größere Konflikte gibt es in der Kita jeden Tag. Begleiten Sie die Kinder dabei, diese nach und nach auch selbst zu lösen. Eine gute Unterstützung dabei könnte eine Streit-Arena sein, in der sich Kinder bei einem Konflikt treffen, um diesen zu klären – ein neutraler Ort, an dem der Konflikt besprochen und gelöst werden kann. Meist gesellen sich weitere Kinder hinzu, die den Streit beobachtet haben und behilflich sein wollen. Sie können helfen, wenn der Sachverhalt zum Beispiel nicht ganz klar ist.

Breiten Sie für die Streit-Arena eine Decke oder einen Teppich aus. Die Kinder setzen sich einander gegenüber und beschreiben, was ihrer Meinung nach passiert ist. Achten Sie darauf, dass jedes Kind aussprechen und beschreiben kann, was passiert ist und was ihm wichtig ist. Als Pädagog:in können Sie unterstützend eingreifen und zusammenfassen. Fragen Sie jedes Kind, wie es sich in dem Konflikt gefühlt hat. Helfen Sie den Kindern, wenn sie Schwierigkeiten haben, ihre Gefühle zu benennen („Ich sehe, dass du richtig wütend bist. Stimmt das?“). Wenn alle ihre Emotionen verbalisieren konnten, beruhigt sich meist die Stimmung unter den Kindern und alle können gemeinsam eine Lösung finden. Was wünschen sich die einzelnen Kinder? Fragen Sie nach Vorschlägen.

Impulsfragen für Kinder

?

- Was können wir tun, damit sich beide Kinder wieder gut fühlen?
- Wer hat eine Lösung für den Streit?
- Können die Kinder zum Beispiel zusammen mit dem geliebten Spielzeug spielen?

„Jonas kann mit Marie abwechseln.“

„Wir machen eine Kinderbande und spielen alle zusammen mit dem Basketball. Das machen die im Fernsehen auch.“

„Wir kaufen für die Kita noch ganz viele Bälle. Dann gibt es keinen Streit.“

„Also ich mache den Schiri und wir wechseln uns alle ab, wenn ich pfeife.“

10

Das Recht auf Schutz im Krieg oder auf der Flucht

Alle Kinder müssen im Krieg, auf der Flucht und in anderen schlimmen Situationen (z. B. Naturkatastrophen) besonders geschützt werden.

Nicht allen Kindern auf der Welt geht es so gut wie uns hier in Deutschland. Das bekommen die Kinder auch im Kindergartenalter schon mit: von den Eltern, aus den Medien, von den älteren Geschwistern. In manchen Teilen der Welt geht es Kindern besonders schlecht und sie brauchen Hilfe. Kinder können die Welt im Großen nicht verändern, aber sie können in ihrer kleinen Welt alles dafür tun, damit sich andere Kinder wohlfühlen. Und sie können ihre Stimme erheben und sich im Kleinen für den Frieden einsetzen. Bestimmt haben sie viele Ideen, was Frieden bedeutet.

Impulsfragen für Kinder

?

- Wer weiß, was Frieden ist?
- Was bedeutet Frieden für dich?
- Hast du schon einmal mit jemandem über Frieden gesprochen?

„Das ist, wenn überall Liebe ist."

„Frieden ist, wenn wir uns nicht streiten."

„Nicht hauen ist auch friedlich."

„Frieden ist, wenn ich keine Angst habe."

„Frieden ist, mit Freunden spielen."

10

Das Recht auf Schutz im Krieg oder auf der Flucht

Kreativaktion: Friedenstauben aus Papier

Wir alle können etwas für den Frieden tun! Setzen Sie sich mit den Kindern zusammen und überlegen Sie, was die Kita-Kinder für den Frieden tun können.

„Wir können eine Demo machen!"

„Dafür brauchen wir Plakate – das habe ich schon einmal mit Mama gemacht."

„Wir können Streitschlichter sein. Das macht mein Bruder in der Schule."

„Oder spenden – das hat Oma auch gemacht."

Überlegen Sie mit den Kindern, was realistisch ist und was nicht. Seien Sie spontan! Lassen Sie die Kinder zum Beispiel Plakate malen, die Sie dann sichtbar an die Fensterscheiben kleben. So lernen die Kinder, dass wir alle unsere Meinung mitteilen und Zeichen setzen können.

Auch Friedenstauben sind ein schönes Symbol und schnell nach Anleitung (siehe unten) gefaltet. Basteln Sie Schritt für Schritt mit den Kindern bunte Papiertauben und verteilen Sie diese im Gruppenraum oder in der ganzen Kita. Haben Sie im Außenbereich einen Baum? Dann können die kleinen und großen Friedenstauben diesen schmücken und ein Zeichen für den Frieden setzen.

Tipp: Gibt es in Ihrer Kita Kinder, die unterschiedliche Sprachen sprechen? Dann lernen Sie gemeinsam die unterschiedlichen Bezeichnungen für das Wort *Frieden*, zum Beispiel *pace* (Rumänisch), *paz* (Spanisch), *peace* (Englisch), *barış* (Türkisch) oder *paix* (Französisch).

Material: Origamipapier in verschiedenen Farben (15 cm x 15 cm)

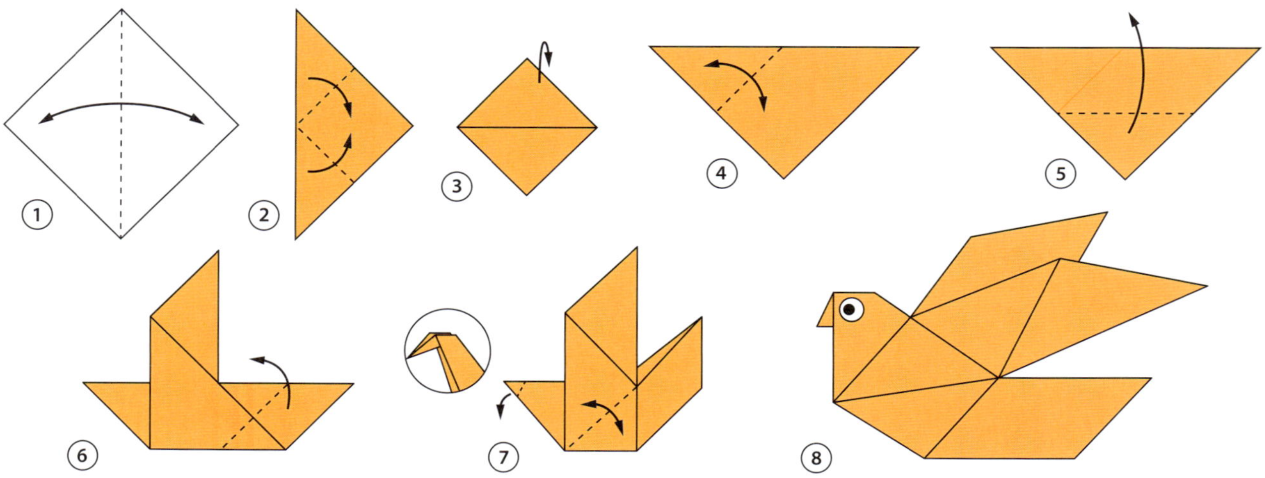

Kreativaktion: Mein Sorgenpüppchen

Angst und Sorgen ist man nicht hilflos ausgeliefert: Manchmal hilft ein Kuscheltier, um sich selbst zu beruhigen oder zu trösten. Aber Kuscheltiere kann man nicht überall mit sich herumtragen, denn oft sind sie viel zu groß für die Hosentasche. Ganz anders ist das mit kleinen Sorgenpüppchen: Diese kleinen Helferlein, Mutmacher und Glücksbringer passen überall hinein! Sorgenpüppchen selbst zu gestalten, macht nicht nur eine Menge Spaß, sondern regt auch vielfältige Gespräche an.

Während Sie mit den Kindern die kleinen Püppchen basteln, beginnen Sie ein ungezwungenes Gespräch: Was sind denn Sorgen? Welche positive Bedeutung hat das Wort? Sich um etwas zu sorgen, bedeutet auch, sich um etwas zu kümmern.

Impulsfragen für Kinder

- Wisst ihr, was es bedeutet, sich Sorgen zu machen?
- Hast du dir schon einmal Sorgen um etwas oder jemanden gemacht?
- Wie fühlt sich das an?
- Ist es gut, wenn man sich Sorgen macht?
- Kann das Sorgenmachen auch wichtig sein?
- Wie kann man mit seinen Sorgen umgehen?

Jedes Kind erhält zwei Pfeifenputzer oder Chenilledrähte in der Farbe seiner Wahl: einen von 10 cm und einen von 15 cm Länge. Der längere Draht wird durch eine Holzperle gesteckt und einmal in seiner Mitte um die halbe Holzperle herum verzwirbelt. Der kürzere Draht wird nun so um die Verzwirbelung gewickelt, dass ein Ende nach rechts und das andere Ende nach links zeigt – das sind dann die Arme des Püppchens.

Dann werden die Püppchen angezogen: Dazu können die Kinder mit Wolle erst den Rumpf und dann jeden einzelnen Arm umwickeln – so entsteht ein Pullover. Für die Hose wird jedes Bein mit Wolle umwickelt. Soll das Püppchen einen Rock bekommen, wird die Wolle einfach um beide Beine herumgewickelt. Zuletzt gestalten die Kinder das Gesicht ihres Püppchens: Mit Folienstift entstehen Augen, Nase und Mund. Wer möchte, darf zum Schluss noch mit Wolle oder einem kurzen Stück Pfeifenputzer eine Frisur aufkleben.

Material: Pfeifenputzer/Chenilledraht in vielen bunten Farben, Scheren, Holzperlen, Woll- und Stoffreste, Klebstoff, Folienstifte (wischfeste Filzstifte)

Klare Worte ohne Angst

Formulieren Sie positiv, beispielweise statt „Ich mache mir Sorgen, dass …" lieber „Ich bin zuversichtlich, weil bestimmt …". Worte und Gedanken wirken nachhaltig auf uns. Positive Formulierungen verzichten auf *nicht, aber, kein, Angst, Sorge, Kummer* – und sorgen so für ein besseres Gefühl!

11

Das Recht auf besondere Betreuung bei Behinderung

Kinder mit einer Behinderung haben das Recht auf besondere Fürsorge und Förderung. Erwachsene sind dafür verantwortlich, dass alle Kinder in der Gemeinschaft dabei sein und mitmachen können.

Mit Kindern über Rechte zu sprechen, stärkt jedes einzelne Kind, aber auch das Gefühl für die Mitmenschen. Es ist nicht immer einfach, für sich und die Rechte anderer einzustehen, aber wir alle können es jeden Tag üben und immer wieder über uns hinauswachsen. Was hilft dabei? Hilfreich ist es, zu wissen, dass jede:r von uns einzigartig und ein wenig „anders" ist: Mit unserem Aussehen, unseren Gedanken und Gefühlen, unseren Stärken und Schwächen sind wir einfach einmalig. Und es ist wichtig und gut, dass wir alle so unterschiedlich sind. So können wir voneinander lernen und uns gegenseitig helfen – und manche Kinder brauchen eben ein bisschen mehr Hilfe als andere.

Impulsfragen für Kinder

?

- Hast du einen Freund oder eine Freundin, der oder die anders ist als du?
- Was ist bei ihm oder ihr anders?
- Was magst du an ihr oder ihm?
- Gibt es jemanden in deiner Familie, der anders ist als du?

Das Recht auf besondere Betreuung bei Behinderung

Kreativaktion: Wir sind alle anders – und so bin ich!

Setzen Sie sich mit den Kindern in einen Kreis. Bei dieser Übung soll jedes Kind, das möchte, zu Wort kommen und überlegen, welche Unterschiede es in seiner Familie oder seinem Freundeskreis gibt. Animieren Sie die Kinder dazu, zu erzählen, warum sie bestimmte Menschen mögen oder was sie an deren Andersartigkeit schätzen.

Im Anschluss können die Kinder ein Bild von sich selbst oder von ihrem Freund bzw. ihrer Freundin gestalten. Dazu schneiden sie zunächst aus Papier einen Kreis für den Kopf aus. Dann wird gestaltet: Aus bunten Stoffen und Wolle entstehen Körper und Haare. Was ist an den ausgewählten Menschen besonders und wie wollen die Kinder das kreativ darstellen?

Material: Malpapier, Tonpapier in unterschiedlichen (Haut-)Farben, Buntstifte, Stoffe, Wolle, Scheren, Kleber

Aktionen: So fühlt sich das also an!

Will man mit Kindern über das Thema *Behinderung* sprechen, so kann es hilfreich sein, zum Einstieg ein Bilderbuch oder ein Piktogramm eines Rollstuhls als Gesprächsanlass einzusetzen.

Impulsfragen für Kinder

- Wer ist schon einmal einem Menschen im Rollstuhl begegnet?
- Darf ich hinschauen, wenn jemand ganz anders aussieht oder sich anders bewegt?
- Wie nennt man jemanden, der nicht hören oder sehen kann?
- Was heißt es, „behindert" zu sein?
- Darf ich direkt fragen, wenn ich etwas an einem Kind komisch finde?
- Wie kann ich mit dem Kind spielen, wenn es nicht laufen kann?
- Wie muss sich das anfühlen, jeden Tag auf den Rollstuhl angewiesen zu sein?

Aktion 1: Rollstuhlparcours
Selbst zu erleben, wie es sich anfühlt, im Rollstuhl zu sitzen, eröffnet den Kindern eine neue Perspektive. Sie dürfen selbst probieren, mit einem Rollstuhl zu fahren. Bauen Sie dafür einen Parcours auf, bei dem die Kinder Erhebungen hochfahren oder Kanten überwinden, im Slalom fahren, Bälle werfen oder einen Schwimmnudelkampf mit einem anderen Kind austragen können.

Anschließend finden sich die Kinder in einem Kreis zusammen und erzählen, wie sie sich im Rollstuhl gefühlt haben:

- War es leicht, den Rollstuhl zu bedienen?
- Brauchten sie dabei Hilfe?
- Konnten sie gleichzeitig den Rollstuhl bedienen und einen Ball schießen?
- Können sie sich vorstellen, einen Tag im Rollstuhl zu verbringen?
- Welche Spiele kann man im Rollstuhl spielen?
- Was klappt vielleicht nicht so gut?

Material: Rollstühle (ausleihbar unter: https://meinhilfsmittel.de), Bewegungsbausteine, Kegel, große Bälle, Sitzbälle, Schwimmnudeln etc.

Aktion 2: Sozialraumerkundung mit Blick auf Hindernisse

Die Kinder konnten selbst mit einem Rollstuhl fahren und eine Zeit lang ausprobieren, welche Hindernisse leicht und welche etwas schwerer zu bewältigen waren. Beim nächsten Kita-Ausflug gehen die Kinder mit einem anderen Blick durch ihren Ort. Mit einer Kamera ausgerüstet, schauen sie ganz genau hin, welche Wege leicht und welche schwer oder sogar unmöglich zu befahren sind. Helfen Sie den Kindern dabei, ihren Blick für andere zu schärfen.

- Wie ist der Weg zur Kita beschaffen?
- Kann ein Rollstuhl überall entlangfahren?
- Gibt es Treppen oder Hindernisse?
- Wie sieht es mit den Spielplätzen aus? Was kann ein Kind im Rollstuhl dort spielen?

Lassen Sie die Kinder Orte fotografieren, an denen es einfach ist, mit einem Rollstuhl entlangzufahren – aber auch Orte, an denen das nicht ohne Weiteres möglich ist. Drucken Sie alle Bilder aus und verwenden Sie diese als Gesprächsanlass. Die Kinder tauschen sich über ihren Ort aus. Auch können sie eine Collage mit Orten gestalten, die (nicht) barrierefrei sind.

Kinder erheben ihre Stimme

Kinder gestalten ihre eigene Welt! Sie können ihre Stimme erheben und die Erwachsenen dazu ermahnen, Vielfalt zu beachten und sich dafür stark zu machen. Schreiben Sie gemeinsam mit den Kindern einen Brief an den oder die Bürgermeister:in, in dem Sie daran erinnern, dass Ihre Stadt oder Ihre Gemeinde für alle begeh- und befahrbar sein sollte. Lassen Sie die Kinder den Brief mitgestalten, indem Sie beispielsweise eine Collage aus den fotografierten Orten mitschicken.

12

Die Kinderrechte-Detektive

Die Kinder Ihrer Kita bzw. Ihrer Gruppe haben nun alle wichtigen Kinderrechte einmal besprochen und kennengelernt. Jetzt heißt es, diese Rechte auch immer präsent zu halten und die Kinder dafür zu sensibilisieren.

Arbeiten Sie mit Symbolen. So schaffen Sie Anker, die den Kindern helfen, sich an die Kinderrechte zu erinnern. Im Folgenden finden Sie einige Aktionen, mit denen die Kinder die Kinderrechte wiederholen und im Blick haben. Die laminierten Bilder können auch eingesetzt werden, wenn es im Alltag Probleme gibt und ein Kinderrecht verletzt wird.

12

Die Kinderrechte-Detektive

Gesprächskreis: Was ist mir besonders wichtig?

Drucken Sie die Symbole für die Kinderrechte aus (siehe Kopiervorlage, S. 90) und laminieren Sie diese. So können Sie die Symbole immer wieder im Alltag in ein Spiel integrieren. Kommen Sie mit den Kindern in einem Sitzkreis zusammen und legen Sie die Symbole in die Mitte. Wiederholen Sie mit der Gruppe anhand der Symbole die zehn wichtigsten Kinderrechte. Können sich die Kinder noch daran erinnern, was diese beinhalten?

Jedes Kind erhält nun drei Klebepunkte, die es auf die Symbole verteilen darf. Kriterium für die Verteilung der Klebepunkte ist die Wichtigkeit des Rechtes für jedes einzelne Kind.

?

Impulsfragen für Kinder

- Welches Recht ist für dich das wichtigste?
- Für welches Recht möchtest du dich einsetzen?

Haben alle Kinder ihre Punkte verteilt? Dann schauen Sie gemeinsam, welche Rechte die meisten Punkte erhalten haben und überlegen Sie, was diese Rechte so besonders macht.

Die Rechte mit den meisten Punkten sind den Kindern Ihrer Gruppe besonders wichtig. Überlegen Sie, wie Sie diese mit den Kindern intensiver behandeln können (z. B. ein passendes Spiel oder Lied wiederholen). Fragen Sie auch, welche Ideen die Kinder haben, um diese Rechte für Kinder und Erwachsene sichtbar zu machen.

Material: ausgedruckte und laminierte Kinderrechte-Symbole (S. 90), drei Klebepunkte für jedes Kind

Kennenlernlied:
Wir alle Kinder, groß und klein

Wir alle Kinder, groß und klein,
woll'n auf der Erde sicher sein.
Sag, wer bist denn du?
Komm, ich hör dir zu.
Komm, erzähl mir was von dir!

(Melodie: Die Vogelhochzeit)

Spielidee: Kinderrechte-Memo

Kopieren Sie für das Memospiel die Symbole der Kinderrechte (S. 90) zweimal und laminieren Sie die Bilder. Alternativ können die Symbole von den Kindern nachgemalt werden. Das Spiel kann in der Freispielsituation gespielt, aber auch im Morgenkreis eingesetzt werden. Im Morgenkreis können gleichzeitig die Kinderrechte benannt und immer wieder thematisiert werden.

Ausstellung: Kinderrechte-Werke

Organisieren Sie mit Ihrer Gruppe eine Kinderrechte-Ausstellung: Hierbei werden Werke der Kinder, Collagen oder Lieder zum Thema ausgestellt. Laden Sie die Eltern zu einem Kinderrechte-Nachmittag ein. Vielleicht wollen ein paar ältere Kinder den Eltern die einzelnen Rechte vorstellen? Oder Sie singen ein Lied zusammen? Fragen Sie die Kinder, worauf sie Lust haben. Es geht ja schließlich um sie und ihre Rechte!

Gestaltungsidee: Aktiv über Kinderrechte informieren

Wollen die Kinder noch mehr für ihre Rechte tun? Drucken Sie die Symbole für die Kinderrechte (S. 90) aus. Schreiben Sie auf die Rückseite jedes Bildes das zugehörige Kinderrecht und laminieren Sie die Bilder. Damit sich die Bilder aufhängen lassen, stanzen die Kinder mit einem Locher Löcher hinein. Gehen Sie dann gemeinsam los und hängen Sie die Kinderrechte-Bilder an den Kita-Zaun, zum Beispiel mit Pfeifenputzern oder Blumendraht.

Die Eltern ins Boot holen

Wenn Sie sich dazu entschließen, in Ihrer Einrichtung oder Gruppe mit den Kindern die Kinderrechte zu bearbeiten, ist es sinnvoll, dies auch den Eltern mitzuteilen. Dazu bietet sich ein einleitender Elternabend an, um die Eltern auf die Aktionen vorzubereiten und ihre offenen Fragen zum Thema zu beantworten. Die Kinder werden bestimmt zu Hause auch die Eltern mit ihren Rechten konfrontieren oder in mancher Situation anders reagieren als die Eltern es gewohnt sind. Richten Sie daher eine Kinderrechte-Sprechstunde ein! Manche Eltern sind vielleicht verunsichert, kennen noch nicht die Rechte der Kinder und haben Fragen zu den Reaktionen und Erzählungen ihrer Kinder.

Die Eltern ins Boot holen

Elternabend

Laden Sie die Eltern zu einem Elternabend ein, um auch mit ihnen das Thema *Kinderrechte* zu besprechen.

Vorbereitung und Begrüßung

Im Anhang finden Sie eine Vorlage für eine Einladung (S. 93). Bereiten Sie einen Sitzkreis für die Eltern vor. Für die Eltern ist es schön, Situationen so zu erleben, wie es ihre Kinder im Alltag auch tun. Hängen Sie die laminierten Kinderrechte-Symbole sichtbar an eine Wand.

Legen Sie Fotos von den Kindern auf die Stühle. Die Eltern suchen jeweils den Stuhl mit dem Foto ihres Kindes und nehmen Platz – so können Sie auch steuern, dass sich die Eltern untereinander besser kennenlernen und nicht immer die gleichen befreundeten Familien zusammensitzen. Das ist eine gute Möglichkeit, Eltern besser einzubinden, die noch nicht so viel Kontakt haben!

Sind alle Eltern da? Vielleicht bietet sich eine Kennenlernrunde an: Ein Elternteil beginnt, zeigt das Foto seines Kindes, nennt den Namen und erzählt etwas von seinem Kind. Anschließend legt das Elternteil das Foto des Kindes in die Kreismitte. Dann ist das nächste Elternteil dran, bis sich alle vorgestellt haben und alle Kinderbilder in der Kreismitte liegen.

Einführung in die Kinderrechte

Zur Einführung in die Kinderrechte spielen Sie ein kleines Spiel mit den Eltern: In der Mitte des Kreises liegen die Fotos von den Kindern. Laden Sie die Eltern dazu ein, auf grünen Moderationskarten in Stichpunkten zu notieren, was Kinder brauchen, um glücklich aufzuwachsen. Auf roten Moderationskarten schreiben die Eltern auf, was den Kindern keinesfalls zustoßen sollte. Anschließend können sie reihum ihre Karten vorlesen. Versuchen Sie nun, die Karten den einzelnen Kinderrechten zuzuordnen. Nennen Sie dazu immer den Wortlaut des Kinderrechtes und kleben Sie die Karten zu den entsprechenden Symbolen an der Wand. Halten Sie das Ergebnis fotografisch fest und leiten Sie die Fotos im Anschluss an die Eltern weiter.

Offene Diskussion

Erklären Sie den Eltern nun, warum Sie die Kinderrechte bearbeiten wollen: Kinder haben das Recht, über ihre Rechte Bescheid zu wissen. Sie sollen gestärkt werden, auf ihre Bedürfnisse zu achten und diese auch gegenüber anderen zu vertreten. Gleichzeitig geht es aber auch darum, dass die Kinder die Bedürfnisse anderer Menschen erkennen und respektieren.

Gehen Sie achtsam mit den Fragen der Eltern um und informieren Sie über die Aktivitäten, die Sie mit den Kindern vorhaben. Laden Sie die Eltern ein, an den Angeboten teilzunehmen oder zu hospitieren.

Weitere Aktionen, um die Eltern ins Boot zu holen

- Kinderrechte-Sprechstunde: Hier können Eltern zu Sprechzeiten unangekündigt eine pädagogische Fachkraft antreffen und ihre Sorgen und Fragen rund um das Projekt klären.
- Planen Sie eine Kinderrechte-Ausstellung? Dann binden Sie die Eltern ein! Viele Eltern engagieren sich gern und unterstützen bei der Planung und Vorbereitung.
- Möchten Sie ein Kinderrechte-Fest zum Kindertag organisieren? Auch dabei können Sie die Eltern einbinden und Stationen oder Buffet gemeinsam vorbereiten.
- Haben die Eltern eigene Ideen, wie sie den Kindern das eine oder andere Kinderrecht näherbringen können? Dann laden Sie sie ein, ihre Ideen umzusetzen!

Eltern immer gut informiert

Eltern wollen auf dem Weg ihrer Kinder mitgenommen werden. Finden Sie eine für Ihre Einrichtung passende Möglichkeit, die Eltern Schritt für Schritt mit auf die Kinderrechte-Reise zu nehmen. Einige Ideen finden Sie hier:

- Newsletter: Eine wöchentliche E-Mail informiert die Eltern über einzelne Schritte der Kinderrechte-Reise.
- Infotafel: Hängen Sie an Ihre Infotafel die Symbole für diejenigen Kinderrechte, an denen Sie mit den Kindern arbeiten, und schreiben Sie die Zitate der Kinder zu den unterschiedlichen Themen dazu.
- Elternumfrage: Bereiten Sie einen kurzen Fragebogen vor, den die Eltern (wenn gewünscht anonym) ausfüllen und in den Elternbriefkasten einwerfen können (siehe Kopiervorlage, S. 94).

14

Kinderrechte im Team reflektieren

Die Kinderrechte dienen Pädagog:innen als Orientierung an den Interessen der Kinder. Unabhängig von vorgegebenen Bildungsplänen können Kinderrechte eine Richtlinie dafür sein, um den Alltag in der Kita und das eigene Handeln ganz im Sinne des Kindes und seiner Bedürfnisse auszurichten. Erwachsene können so immer wieder die Perspektive der Kinder einnehmen. Bevor Sie sich als Team entscheiden, Kinderrechte als festen Bestandteil in Ihrer Kita zu verankern, sollte sich jedes einzelne Teammitglied folgende Fragen selbst beantworten:

Impulsfragen für pädagogische Fachkräfte

?

- Welches Bild habe ich vom Kind?
- Sehe ich Kinder als eigenständige Individuen mit eigenen Bedürfnissen?
- Bin ich bereit, Entscheidungen gemeinsam mit den Kindern zu treffen?
- Bin ich bereit, die von der Mehrheit getroffenen Entscheidungen zu akzeptieren und mitzutragen?

14

Kinderrechte im Team reflektieren

Warum Kinderrechte?

„Alle großen Leute sind einmal Kinder gewesen, aber wenige erinnern sich daran."

Antoine de Saint-Exupéry: „Der kleine Prinz"

Die Kita ist die erste Einrichtung, in der Kinder außerhalb ihrer Familie viel Zeit verbringen – einige Kinder sogar mehr Zeit als zu Hause. Sie haben hier die Möglichkeit, sich mit ihrem gesellschaftlichen und sozialen Umfeld auseinanderzusetzen, und lernen, in einer Gemeinschaft die eigenen Rechte zu vertreten und die der Mitmenschen zu respektieren. Um seine eigenen Rechte zu wissen, sich mit Fragen von Gerechtigkeit, Gleichheit und Verschiedenheit auseinanderzusetzen, stärkt Kinder in ihrer Persönlichkeitsentwicklung. Die demokratische Beteiligung von Kindern ermöglicht Selbstwirksamkeitserfahrungen und ist Grundlage dafür, die Welt zu entdecken.

Reflexionsfragen für die Teamsitzung

?

- Wird in unserer Kita jedes Kind ernst genommen und als wertvoller Teil der Gemeinschaft geachtet?
- Wie zeigen wir den Kindern, dass sie und ihre Gefühle in Ordnung sind?
- Hören wir Kindern jederzeit zu?
- Wie gehen wir mit einem Nein der Kinder um?
- Wo können Kinder unbeobachtet spielen?
- Wobei beziehen wir die Kinder mit ein?
- Wie können wir den Kindern ein Vorbild sein?
- Wie können Kinder ihre Bedürfnisse äußern?
- Wie begegnen wir Familien in unserer Kita?

Kinder beteiligen – aber woran?

Erarbeiten Sie mit dem ganzen Team einen gemeinsamen Standpunkt zu den Kinderrechten und Ideen dazu, in welchem Rahmen diese in Ihrer Einrichtung oder Gruppe Einzug halten können. Räumen Sie der folgenden Befragung einen Teil der Teamsitzung ein.

In dieser Befragung geht es darum, dass jedes Teammitglied für sich aufschreiben soll, wie viel Kinderbeteiligung es im Alltag zulassen kann und wo die persönlichen Grenzen liegen.

Dafür pinnen Sie drei große Überschriften an die Wand:

- Warum will ich Kinder beteiligen?
- Woran will ich Kinder beteiligen?
- Was sind meine persönlichen Grenzen bei der Beteiligung von Kindern?

Nun schreiben alle Kolleg:innen ihre Ideen auf Moderationskarten und pinnen diese unter die jeweiligen Fragen. Im Anschluss werden alle Meinungen besprochen und ein Konsens über die Art der Beteiligung von Kindern gefunden.

Auch wenn sich hier nicht alle Teammitglieder einig sind, ist es wichtig, darüber zu sprechen und einen Konsens zu finden. Denn nichts ist schlimmer bei einem gemeinsamen Vorhaben, als dass nicht alle Erzieher:innen an einem Strang ziehen. Die Kinder merken das sofort und auch die Eltern verlieren einen Teil ihres Vertrauens, wenn das Handeln der Kolleg:innen nicht stimmig ist.

Die fünf wichtigsten Aspekte bei der Partizipation von Kindern

1. **Thema:** Kinder müssen einen Bezug zum Thema haben, das heißt, dass es entweder ein Thema ist, das sie selbst mit in die Kita gebracht haben, oder eines, das sie gemeinsam mit anderen Kindern entwickelt haben.
2. **Aufklärung:** Kinder müssen ihre Rechte kennen. Einerseits ist es wichtig, zu wissen, was ihnen zusteht. Andererseits muss ihnen auch klar sein, wo die Grenzen liegen. Das heißt, es liegt in der Verantwortung Erwachsener, Kinder darüber aufzuklären, was in ihrer Entscheidungsmacht liegt und was zum Schutz der Kinder von Erwachsenen bestimmt werden muss.
3. **Beteiligung:** Kinder müssen wissen, was Beteiligung überhaupt bedeutet. Welche Regeln gilt es dabei zu beachten, wie funktioniert Beteiligung und welches Ziel wird dabei verfolgt? Erfahrungsgemäß hilft es Kindern, wenn die Verfahren der Beteiligung immer gleich und ritualisiert sind.
4. **Vertrauen:** Kinder müssen darauf vertrauen können, dass ihre Beteiligung ernst genommen und ihre Mitentscheidung akzeptiert und gewährt wird. Es wäre kontraproduktiv, Kinder zu beteiligen und dann doch die von Erwachsenen getroffene, vielleicht praktischere Entscheidung umzusetzen. Die Kinder müssen darauf vertrauen können, dass ihre Beteiligung nicht folgenlos bleibt.
5. **Begleitung:** Kinder brauchen individuelle und sensible Begleitung, um beteiligungsfähig zu sein. Manche Kinder benötigen noch Hilfe, um das Thema zu verstehen, andere, um Beteiligungsregeln anzunehmen, und wiederum andere tun sich schwer, im Beisein anderer ihre Stimme abzugeben. Was jedes Kind braucht, um aktiv teilzuhaben, ist abhängig vom Entwicklungsstand und der Persönlichkeit des Kindes. Auf alle Kinder individuell einzugehen, ist im Alltag oft herausfordernd, gehört aber zu einer sensiblen und achtsamen Unterstützung eines jeden Kindes dazu.

Methode: Worldcafé

Die Methode des Worldcafés wurde 1995 von zwei Unternehmensberater:innen entwickelt. Sie eignet sich gut, um ein größeres Team in Kleingruppen zu mehreren Themen ins Gespräch kommen zu lassen. Das Team teilt sich in mehrere Gruppen ein und nimmt an unterschiedlichen Gesprächsrunden teil.

Worldcafé Kinderrechte

Bereiten Sie für das Worldcafé so viele Tische vor, wie Sie Themen besprechen wollen – je nach Teamgröße und Zeit, die zur Verfügung steht. An jedem Tisch sollten etwa fünf bis sechs Kolleg:innen ins Gespräch kommen. Legen Sie dafür auf jeden Tisch ein großes Papier (Flipchart oder Papierrolle) und ausreichend Flipchartstifte. Schreiben Sie die Thementitel auf größere Moderationskarten und auf ein separates Blatt die zugehörigen richtungsweisenden Fragen. Natürlich ist aber auch genug Raum, um eigene fragenunabhängige Ideen zum Thema zu entwickeln.

Haben Sie nur eine Teamsitzung Zeit, so lassen Sie das Team abstimmen, mit welchen Themen Sie starten. Dafür erhält jedes Teammitglied Klebepunkte in der Anzahl der Themen und darf diese nach persönlicher Präferenz verteilen. Die Themen, die die meisten Punkte erhalten, werden zuerst bearbeitet. Alle anderen Themen können in einer anderen Sitzung besprochen werden. Die ausgewählten Themen sowie die Fragen dazu verteilen Sie dann auf die unterschiedlichen Tische.

Nun kann das Worldcafé beginnen! Die Teammitglieder diskutieren in Kleingruppen über das an ihrem Tisch vorgefundene Thema. Ergebnisse und Ideen werden sofort auf die vorbereitete Papierrolle geschrieben. Nach etwa 20 bis 30 Minuten wechseln die Kleingruppen den Tisch und diskutieren ein neues Thema. Das beschriebene Papier bleibt auf den Tischen liegen und wird jeweils von der nächsten Gruppe ergänzt. Die Tische werden so oft gewechselt, bis alle Kolleg:innen an allen Diskussionsrunden teilgenommen haben.

Themen und Fragen

Im Folgenden finden Sie Vorschläge für Ihre Thementische. Hierbei reflektieren die Teams, wie stark die Kinder in der Einrichtung im Alltag beteiligt sind. Auch Verbesserungsvorschläge oder kritische Punkte können aufgeschrieben werden. Sind alle Themen bearbeitet, so sind die Ergebnisse in einer gesonderten Teamsitzung zu besprechen. Wie ist der Stand in Ihrer Kita und was kann das Team tun, um die Beteiligung von Kindern zu gewährleisten?

Gehen Sie jedes Thema noch einmal mit dem gesamten Team durch und beleuchten Sie in Ruhe die Ergebnisse der Diskussionsrunden. Anschließend kann das Team Schlüsse daraus ziehen und einen konkreten Maßnahmenplan für gewünschte Änderungen im Alltag der Kinder erstellen. Ziel sollte dabei immer sein, das Recht der Kinder auf Mitbestimmung und Beteiligung nicht aus den Augen zu verlieren.

Thema 1: Die Kinder werden an der Gestaltung des Alltags beteiligt

- Ist der Tagesablauf allen Kindern bekannt?
- Wie erfahren unsere Kinder von unserem Tagesablauf?
- Wie werden Übergänge/Situationswechsel den Kindern angekündigt?
- Wie viel Zeit haben die Kinder, um sich auf Übergänge einzustellen?
- In welchem Rahmen können die Kinder ihre Wünsche für den Tagesablauf äußern?
- Inwiefern können wir in unserem Tagesablauf Rücksicht auf die individuellen Bedürfnisse der Kinder nehmen?

Thema 2: Spiel, Bildung und Beschäftigung

- Welche Entscheidungsmöglichkeiten haben die Kinder, ihr Spiel selbst zu wählen?
- Wer entscheidet darüber, wo, wie lange und mit wem die Kinder spielen?
- Sind die Spielsachen auf Augenhöhe der Kinder?
- Wie vielfältig ist das Materialangebot für die Kinder?
- Wie schaffen wir es im Alltag, die Kinder genau zu beobachten und ihre Themen aufzugreifen?
- Regen die angebotenen Materialien die Kinder an, sich mit unterschiedlichen Themen zu beschäftigen?
- Wie können die Kinder selbstbestimmt ihre Beschäftigung aussuchen?
- Wie werden die Kinder an der Materialanschaffung beteiligt?
- Wie schaffen wir es, dass sich alle Kinder in unseren Spielen und Büchern wiederfinden?
- Wie erkennen wir die Bedeutung von Alltagssituationen für die Bildungsprozesse der Kinder?

Thema 3: Gestaltung der Räume

- Wie können die Kinder alle Räume der Kita selbstständig nutzen?
- Wie vielfältig ist das Materialangebot?
- Welche Entspannungsmöglichkeiten gibt es?
- Wie können Kinder die Räume selbstbestimmt wechseln?
- Können die Kinder über die Raumgestaltung mitentscheiden?
- Wird die Raumgestaltung regelmäßig im Sinne der Nutzbarkeit für die Kinder überprüft?
- Sind die Möbel so beschaffen, dass die Kinder sie selbstständig nutzen können?
- Wie können alle Kinder ihre Wünsche und Bedürfnisse zur Raumgestaltung einbringen?

Thema 4: Essen und Trinken

- Wie ist die Atmosphäre beim Mittagessen?
- Können die Kinder zu jeder Zeit selbst entscheiden, was und wie viel sie essen?
- Dürfen Kinder auch nur den Nachtisch essen?
- Wie schaffe ich es, Kinder respektvoll zum Essen einzuladen, ohne sie dazu zu überreden?
- Gibt es bei Bedarf eine Alternative zum Mittagessen (z. B. Brot und Gemüse)?
- Schaffen wir es, den Kindern beim Essen verschiedene Auswahlmöglichkeiten anzubieten?
- Wie werden die Kinder beim Essen unterstützt?

- Dürfen die Kinder mit dem Besteck ihrer Wahl essen?
- Sind die Kinder an der Gestaltung des Mittagessens beteiligt?
- Dürfen die Kinder sich selbst einen Sitzplatz beim Mittagessen aussuchen?
- Wie werden sie in Konfliktfällen unterstützt?
- Wie können wir die Kinder an der Essensplanung beteiligen?

Thema 5: Mittagsruhe

- Wer entscheidet darüber, ob und wie lange Kinder schlafen/ruhen sollen?
- Welche Alternativen für die Mittagsruhe bieten wir an?
- Werden die Kinder gefragt, ob sie schlafen oder lieber einer anderen Tätigkeit nachgehen wollen?
- Welche Schlaf-/Ruheorte können die Kinder für die Mittagsruhe wählen?
- Können die Kinder selbstständig aufstehen, wenn sie nicht mehr schlafen wollen?
- Können die Kinder selbst entscheiden, was sie beim Schlafen anziehen/brauchen?
- Welche Begleitung bieten wir den Kindern beim Schlafen an?
- Ist es machbar, dass die Kinder selbst entscheiden, wer sie beim Schlafen begleitet?

Thema 6: Körperhygiene und Wickeln

- Entscheiden die Kinder selbst, wer sie wickeln oder ins Bad begleiten darf?
- Können die Kinder selbst entscheiden, wann sie gewickelt werden?
- Fragen wir die Kinder, ob wir sie wickeln dürfen?
- Wie viel Selbstständigkeit geben wir unseren Kindern in der Körperpflege?
- Können die Kinder selbst entscheiden, wie sie gewickelt werden wollen (z. B. im Stehen oder Liegen)?
- Ist das Bad so beschaffen, dass die Kinder selbst an Seife etc. heranreichen?
- Dürfen die Kinder selbst entscheiden, wann sie auf die Toilette gehen?
- Achten wir darauf, die Kinder beim Trockenwerden nicht unter Druck zu setzen?
- Wie achten wir die individuellen Grenzen der Kinder?
- Begleiten wir die Pflege der Kinder verbal, sodass sie genau wissen, was wir tun?
- Werden die Kinder darin unterstützt, Nein zu sagen?

Thema 7: Gruppenentscheidungen

- Wie beteiligen wir die Kinder bei Gruppenentscheidungen?
- Wie können wir sicherstellen, dass alle Kinder die jeweiligen Situationen verstehen?
- Welche Abstimmungsverfahren haben wir schon ausprobiert?
- Über welche Gruppenaktivitäten können die Kinder mitentscheiden?
- Ist genug Zeit eingeplant, um allen Kindern ihre Möglichkeiten zur Mitbestimmung verständlich zu machen?

Anhang – Kopiervorlagen als Arbeitshilfen

- ☑ Kopiervorlage: Symbole für Kinderrechte
- ☑ Kopiervorlage: Einladung zum Elternabend
- ☑ Kopiervorlage: Elternumfrage zu Kinderrechten

Kopiervorlage: Symbole für Kinderrechte

Kopiervorlage: Symbole für Kinderrechte

Kopiervorlage: Symbole für Kinderrechte

Kopiervorlage: Einladung zum Elternabend

Liebe Eltern,

in unserer Kita und für uns als Team spielen Kinderrechte eine wichtige Rolle. Damit die Kinder ihre Rechte wahrnehmen können, müssen sie diese auch gut kennen. Wir haben uns deshalb dazu entschlossen, uns mit den Kindern auf eine Kinderrechte-Reise zu begeben und die wichtigsten Kinderrechte gemeinsam zu entdecken.

Wir möchten die Kinder über ihre Rechte informieren und mit ihnen erarbeiten, dass jeder Mensch Rechte hat, die respektiert werden müssen. Die Kinder werden in den nächsten Wochen und Monaten zehn wichtige Kinderrechte unter die Lupe nehmen und reflektieren, was für sie persönlich, aber auch für andere wichtig ist.

Wir laden Sie hiermit zu einem Kinderrechte-Elternabend ein, an dem wir Sie genauer über unser Vorhaben und unsere Aktivitäten informieren werden. Wir freuen uns, wenn Sie uns und Ihre Kinder auf dieser Reise begleiten.

Termin: ______________________________

Wenn Sie Fragen haben, melden Sie sich gern bei uns.
Ihr Kita-Team

Kopiervorlage:
Elternumfrage zu Kinderrechten

Liebe Eltern,
wir erarbeiten mit Ihren Kindern das Thema *Kinderrechte* und möchten Sie einladen, Ihre Erfahrungen dazu mit uns zu teilen. Kommen Sie bei Fragen jederzeit gern auf uns zu oder besuchen Sie unsere Kinderrechte-Sprechstunde.

Wir bitten Sie, diesen kurzen Fragebogen auszufüllen!

1. Mein Kind hat mir zu Hause Folgendes über Kinderrechte erzählt:

2. Seit der Kinderrechte-Reise hat sich das Verhalten meines Kindes verändert:

3. Ich freue mich über:

4. Ich mache mir Sorgen, dass:

5. Ich finde das Thema für mein Kind:

- ☐ sehr wichtig
- ☐ nicht so wichtig
- ☐ gar nicht wichtig

Zur Autorin

Monika Laut-Zimmermann

Monika Laut-Zimmermann ist Facherzieherin für Integration und Sprache und leitet seit mehreren Jahren eine inklusive Einrichtung in Berlin. Zudem ist sie als Autorin tätig: Neben Fachbeiträgen für Fachkräfte und Kita-Leitungen sind von ihr zahlreiche praktische Angebote wie Lieder, Mitmachgeschichten und Gedichte erschienen.
Der vorliegende Ratgeber ist aus ihrer jahrelangen Arbeit in einem gelebten Alltag mit Kindern gewachsen. Die Kinderrechte sind und waren ihr schon immer ein Herzensthema. Bereits in ihrer Tätigkeit als Gruppenerzieherin stand für sie an erster Stelle. Kinder stark zu machen: Jedes Kind soll um seine Rechte Bescheid wissen, für sie einstehen können und respektvoll und wertschätzend mit anderen Menschen umgehen.
In ihrer Rolle als Kita-Leitung ist sie weiterhin bestrebt, Familien und auch Kolleg:innen für dieses Thema zu sensibilisieren und auf die Bedeutung der Kinderrechte im Alltag aufmerksam zu machen.

Nachgefragt

Sind Sie eher ein Drinnen- oder Draußen-Mensch?

Ich bin ganz klar ein Draußen-Mensch! Sowohl in meiner pädagogischen Arbeit als auch privat gehe ich gerne in die Natur auf Entdeckungsreise. Mit meiner Familie und unserem kleinen Hund Eddie verbringe ich viel Zeit in unserem kleinen Ferienhaus in Brandenburg. Am liebsten streunere ich stundenlang durch den nahegelegenen Wald umher.

Besitzen Sie ein Schmuckstück, das Ihnen besonders am Herzen liegt?

Ich besitze einen Ring, den ich von meinem verstorbenen Papa geschenkt bekommen habe: Da hänge ich schon sehr dran.

Gehört Ananas auf eine Pizza oder nicht?

Auf gar keinen Fall!

In dieser Reihe sind bereits erschienen:

Schwierige Elterngespräche in der Kita – und wie sie gelingen
ISBN: 978-3-96046-078-7

Portfolio, Lerngeschichten & Co.
Entwicklungsschritte von Kita-Kindern erkennen, sichtbar machen und dokumentieren
ISBN: 978-3-96046-077-0

Alltagsintegrierte Sprachbildung in der Kita
Die Sprachentwicklung von Kindern wahrnehmen, begeleiten und unterstützen
ISBN: 978-3-96046-081-7

Plötzlich Gruppenleitung
Teamführung und Kinderbetreuung in der Kita erfolgreich meistern
ISBN: 978-3-96046-082-4

Teamentwicklung in der Kita
Wie Sie ein Team bilden, stärken und begleiten
ISBN: 978-3-96046-145-6

Kinder in der Krippe achtsam begleiten
Frühe Förderung und Betreuung von Krippenkindern
ISBN: 978-3-96046-170-8

Kinder mit erhöhtem Förderbedarf
Inklusion, Integration und Förderung gemeinsam in der Kita leben
ISBN: 978-3-96046-183-8

Eingewöhnung in der Peer
Der Start in Krippe und Kita mit dem Tübinger Modell
ISBN: 978-3-96046-224-8

Klett Kita